LinkedIn 300 millones es e-volución y Aventura del Saber

Together

Everybody

Achieves

More

Por Jorge Zuazola ™ fundador de Spanish Leadership © 2014 y el equipo de asociados (www.spanishleadership.com) y miembros http://www.LinkedIn.com/groups/Spanish-Leadership-1072317 . 31 Enero 2014 **ISBN-13: 978-1495254857 ISBN-10: 1495254852**

Copyright © Jorge Zuazola: All rights reserved, including the rights to reproduce this book or portions thereof in any form. No part of this book may be reproduced or transmitted in any form or by any means electronic or mechanical—including photocopy, recording, Internet posting, electronic bulletin board or any other information storage and retrieval system, or by any other method, means or process of embodying and/or transmitting information, text or the spoken word now known or hereafter devised without permission in writing from Spanish Leadership, except by a reviewer who may quote brief passages in a critical article or review to be printed in a magazine or newspaper, or electronically transmitted on radio, television or in a recognized on-line journal.

DEDICATORIA

A San Ignacio de Loyola cuyos ejercicios espirituales son un ejemplo para todos los malos gestores de tiempo del mundo corporativo que no saben interpretar este su diagrama de gestión de tiempo desde Domingo hasta el Sábado siguente.

G
_____

G
_____

G
_____

G
_____

G
_____

G
_____

G
_____

NOMENCLATURA, FORMATO Y DUPLICACIÓN LINKEDIN DEL LIBRO

Este libro nace con vocación de best seller porque se basa en conceptos únicos como:

- Leadership
- Network
- Duplicación
- LinkedIn

Todos sus miembros se "conocen" vía LinkedIn la mayor red de profesionales del mundo con casi ya 300 millones de usuarios. A nivel nacional los LinkedIneadores españoles (residentes en España o en el extranjero) superan a países como Alemania, Francia o Italia estando en Europa solo por detrás de Reino Unido y Holanda. Es por tanto pertinente explicar la estructura de este libro que tiene más de 100 páginas de formato A4. Lo cual serían entre 400 y 500 páginas de un libro normal. Es por tanto un libro líder que se nutre de la fuerza de su network para duplicarse.

Nomenclatura

PRÓLOGO DE LILIANA MARTÍNEZ COLODRÓN

Spanish Leadership: Iniciativa, concepto de liderazgo y presencia en medios (Jorge Zuazola)

Pool de Expertos: Lo que el 2.0 representa de facto para el gestor (Ronald C. Stern, Arturo de las Heras, Carlos Puig Sagi-Vela y José Luis Portela)

Anticipación es la clave de un gestor moderno (Gabriel Asensi Viana)

Network 2.0 es una actividad profesional que se ha convertido en un deber (Damián Rodríguez)

Inteligencia de negocios es la nueva asignatura para el CEO (Francisco Lamamie)

Simplicity (sencillez) es el rasgo fundamental del líder de equipos (Antonio Ruiz Rus)

Humildad en darte cuenta de tu retraso 2.0 te abrirá nuevas vías (Manuel Hernández Arenes)

Liderar es muchas cosas pero hay que empezar por compartir (Ana Fragua)

Españoles triunfan en LinkedIn desde Sevilla hasta Bilbao (Rocio Lopez Perez)

Adjunto al CEO es el nuevo puesto de trabajo del LinkedIneador (Àlvaro Gobernado)

Desarrollar el liderazgo en el mercado interno nuestro reto 2014 (Carlos J. Pampliega)

Expandir tus actividades profesionales al network, la carrera del presente (Andoni Gartzia)

Reino Unido de España es el ejemplo a seguir, pero podemos ser mejores (Jesús Beltran)

Servir al cliente vía el network, la clave para todo empresario (Bruno Rodríguez)

Hoy no se es nadie si no se está en LinkedIn (Javier Manzano)

Iniciativa de gestión en LinkedIn es la clave de la excelencia en 2014 (Iñigo Ansotegui)

Preparación para el 3.0 es una necesidad de primer nivel (Domingo Alonso)

Formato

El Formato está orientado de tal forma que el lector pueda obtener el mayor crecimiento personal del mismo.

Con frecuencia muchos libros best seller son unas 250 páginas de formato y tamaño muy inferior a este.

Esto ocasiona que en multitud de veces el lector olvide el contenido de lo aprendido en el libro. En este caso el lector tiene hasta un Blog para auto-emponderarse.

La función del liderazgo no es crear más seguidores sino crear más líderes. Del éxito en la duplicación de líderes depende del éxito de un gran líder. Por tanto este libro que nace con vocación de líder busca el emponderamiento de las personas aprendiendo los conceptos aquí explicados.

Por ello el libro consta de

- Un Indice detallado para capítulo y sección a fin de que el lector pueda siempre referirse a cualquier página del libro.
- Un formato estilo manual corporativo para que el lector pueda hacer uso del libro en su vida profesional y diaria y aplicarlo día a día.
- Una biografía de cada uno de los autores de capítulos del libro. Porque creemos en el TEAM (Together Everybody Achieves More). Aquí todo el mundo aporta. La humildad es la reina de las virtudes.
- Un blog en blanco al final para que tomes notas y citas de liderazgo y las utilices en twitter y LinkedIn para así aumentar tu valor de marca personal en el mercado

Duplicación LinkedIn

El poder de la duplicación es ilimitado. Pero la gente no lo sabe ver. Si a ti te ofrecieran un millón de Euros el día 1 de Junio 2014 v un céntimo de Euro duplicándose solo 30 días, deberías saber que es mejor el céntimo y que de hecho perderías más de 4 millones de Euros si ignoras la duplicación. Aquí la prueba en base a la sección estadísticas de contactos de LinkedIn del fundador de Spanish Leadership. Esto dice su red LinkedIn

Cuando encuentres a la gente que buscas, podrás contactar con ella por medio de presentaciones y contactos de confianza. Tu red crece cada vez que incorporas un contacto — <u>invita a contactos ahora</u>.

Tu red de profesionales de confianza

Tú estás en el centro de tu red. Tus contactos pueden presentarte a 22.780.900+ profesionales — así es como está dividida tu red:

1. Tus contactos   <u>6.121</u>
Tus amigos y colegas de trabajo de confianza

2. A dos grados de distancia   5.628.700+
Amigos de amigos; cada uno conectado a uno de tus contactos

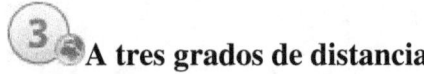**A tres grados de distancia**   23.409.800+
Comunícate con estos usuarios por medio de un amigo y uno de sus amigos

Número total de usuarios que puedes contactar por medio de una presentación   24.780.900+

46.366 personas nuevas en tu red desde el 16 de enero.

La red LinkedIn

El número total de usuarios de LinkedIn, que pueden ser contactados directamente a través de mensajes InMail.

Número total de usuarios que puedes contactar directamente — **¡prueba una búsqueda ahora!**

100,000,000+

Datos de la red de un amigo suyo en Madrid

Acceso regional: Las ubicaciones más populares de tu red

16%
    1. Madrid y alrededores, España

8%
    2. Barcelona y alrededores, España

4%
    3. Argentina

2%
    4. Nueva York y alrededores

2%
    5. España

Tu región: Madrid y alrededores, España

Tus contactos se encuentran en 111 ubicaciones pero tu red te da acceso a **1.470 ubicaciones adicionales**, entre ellas:

- Reino Unido
- Atlanta y alrededores
- Área Metropolitana de Washington D.C.

Las ubicaciones **de mayor crecimiento** de tu red:

1. Madrid y alrededores, España
2. Barcelona y alrededores, España
3. Argentina

Acceso de sector Los sectores más representados en tu red

10%
    1. Servicios y tecnología de la información

6%
    2. Marketing y publicidad

5%
    3. Consultoría de estrategia y operaciones

4%
    4. Recursos humanos

4%
    5. Telecomunicaciones

Tu sector: Internet

Tus contactos están en 117 sectores pero tu red te da acceso a **148 sectores adicionales**, entre ellos:

- Equipo informático
- Apuestas y casinos
- Artículos de lujo y joyas

Los sectores **de mayor crecimiento** de tu red:

1. Consultoría de estrategia y operaciones
2. Servicios y tecnología de la información
3. Dotación y selección de personal

En conclusión este libro nace con vocación de best seller. Se comercializará en todas las webs de distribución de libros más importantes del mundo. Pero la vocación de duplicación en LinkedIn, que integra a Twitter, es la clave de su éxito en su estratégico objetivo de llegar a best seller.

NOTA DE LOS AUTORES

Este libro está escrito bajo la premisa del buen gusto y sin aras de polemizar. Cualquier referencia de prensa o Internet a este libro que quiera polemizar entra en conflicto con el objetivo del mismo. Cuando se publica este libro en Enero 2014 LinkedIn cuenta ya con cerca de 5 millones de LinkedIneadores en territorio nacional lo cual hacen de España un país líder en Europa. Este dato avala las tesis de Jorge Zuazola, fundador de Spanish Leadership, de que si toda España estuviese LinkedIneada la recesión no existiría. El propio CEO de LinkedIn, Jeff Weiner dice en el canal oficial de LinkedIn en youtube que la apertura de su oficina en Madrid prueba que España es uno de los países de mayor crecimiento de Europa.

Jorge Zuazola ha propuesto un temario para este libro. Todos sus colegas LinkedIneadores han escrito el capítulo correspondiente de forma independiente. No existen normas de formateo mas allá de tener una URL LinkedIn y escribir en Times New Roman 12. No existe editorial en este caso. La editorial son los propios co-autores. Cada autor tiene la responsabilidad de revisar sus capítulos inclusive los gazapos gramaticales.

Dicho todo esto, la obra es de una inmensa calidad porque la información que se ofrece en la misma es el resultado del lema de Spanish Leadership que es TEAM:

Together

Everybody

Achieves

More

ÍNDICE

NOMENCLATURA, FORMATO Y DUPLICACIÓN LINKEDIN DEL LIBRO 4
   Nomenclatura 4
   Formato 5
   Duplicación LinkedIn 5
   Tu red de profesionales de confianza 5
   La red LinkedIn 6
   Datos de la red de un amigo suyo en Madrid 6
      Acceso regional: Las ubicaciones más populares de tu red 6
      Acceso de sector Los sectores más representados en tu red 7
NOTA DE LOS AUTORES 8
PRÓLOGO: De cómo Juan Español acabó leyendo e-volución 12
1. Iniciativa, concepto de liderazgo y presencia en medios 17
   1.1. Octubre 2008: La idea surge en un viaje Fráncfort-Bruselas-Fráncfort 17
   1.2. La definición de liderazgo es sólo una simple frase 20
   1.3. El ser excelente es la antítesis del cainita y del mediocre 21
   1.4. E-volución en vanguardia: Los mejores artículos hasta la fecha 22
      1.4.1 España tiene que liderar en network y 2.0 23
      1.4.2 De la Kawasaki de Silicon Valley a la España sin motor: Cómo LinkedIn crea riqueza y empleo 24
      1.4.3 LinkedIn te da una leadership advantage en SEO que particulares y empresas no pueden ignorar. 27
      1.4.4 Razones de gestión por las cuales LinkedIn es muy superior a Facebook ya en B2B y probablemente en B2C también. 29
      1.4.5 El éxito del caso Philips en LinkedIn v el cuestionamiento de Facebook por la BBC 31
      1.4.6 LinkedIn demuestra porque es la joya de la corona tanto en resultados como en generar millionarios 32
      1.4.7 Emprendedores LinkedIn: De Michael Dell a Frank Hannigan, el 2.0 te muestra el éxito en la recesión 35
      1.4.8 La apuesta por LinkedIn por los gurús de leadership se traduce en LinkedIn 6 Facebook 1 a los ojos de Wall Street 39
      1.4.9 E-volución a la altura de EE.UU. y por delante de Barcelona: LinkedIn sigue con "Pulse" en Wall Street 41
      1.4.10 Llegan las showcase pages, el escaparate virtual del marketing de la web 3.0 43
2. Pool de Expertos: Lo que el 2.0 representa de facto para el gestor 48
   2.1 Pool de Expertos (Ronald C. Stern) Excusarse en el mañana no es ser un buen Director General 48
   2.2. Pool de expertos (Arturo de las Heras): Mi experiencia en LinkedIn 54

2.3. Pool de expertos (Carlos Puig Sagi-Vela): Aprovecha tu "mina de oro" 58
2.4. Pool de expertos (José Luis Portela): El directivo y LinkedIn 62
3. Anticipación es la clave de un gestor moderno 68
3.1. Anticipación 68
3.2. Nosotros tenemos el poder. 69
3.3 La Triple A 69
4. Network 2.0 es una actividad profesional que se ha convertido en un deber 74
4.1 ¿Qué es el Network o Trabajo en Red? 74
4.2 El Network 2.0 75
4.3 Como construir su red 76
4.4 Mi experiencia 77
5. Inteligencia de negocios es la nueva asignatura para el CEO 81
5.1. Redes sociales y aprendizaje 81
5.2. Social learning 82
5.2. Social learning y LinkedIn 83
6. Simplicity (sencillez) es el rasgo fundamental del líder de equipos 87
6.1. Cómo llego a LinkedIn 87
6.2. Barcelona Leadership y la creación de equipos de trabajo 88
6.3. El liderazgo "sencillo". 89
7. Humildad en darte cuenta de tu retraso 2.0 te abrirá nuevas vías 93
7.1. El CEO hoy en día debe adaptarse al cambio 93
7.2. El CEO y los nuevos retos de internet 94
7.3. Globalización e innovación 95
8. Liderar es muchas cosas pero hay que empezar por compartir 100
8.1. Los orígenes del compartir 100
8.2. Tu retroceso emocional y racional 100
8.3. Este es tu mejor momento para compartir: El Yo nos y el Beta permanente de Hoffman 100
9. Españoles triunfan en LinkedIn desde Sevilla hasta Bilbao 110
9.1. Un corcho lleno de Post-it 110
9.2 Tus aliados, los grupos 111
10. Adjunto al CEO es el nuevo puesto de trabajo del LinkedIneador 116
10.1. David y su particular Goliat. 116
10.2 La cruda realidad del camino más corto 117
10.3 La alternativa. 118
11. Desarrollar el liderazgo en el mercado interno nuestro reto 2014. La influencia de las redes en el desarrollo interno de las regiones: El ejemplo de Silicon Valley. 122
11.1. Desarrollo Interno. Mysteries in the Air. 122

11.2. El ejemplo de Silicon Valley. Lo importante es su capital social. 122

11.3. "La Mafia de PayPal" 123

11.4. La Web 2.0 y LinkedIn generan un nuevo ecosistema: e-networking 124

11.5. El éter por el que fluye la información 125

12. Expandir tus actividades profesionales al network, la carrera del presente 128

12.1. Moviéndonos en nuevos escenarios 128

12.2. Basque Tech Hub Leadership: Duplicación y capilaridad. 129

13. Reino Unido de España es el ejemplo a seguir, pero podemos ser mejores 135

13.1.-El inicio en LinkedIn, de no saber a liderar 135

13.2.-Evolución de LinkedIn. El caso de Reino Unido y España 136

14. Servir al cliente vía el network, la clave para todo empresario 140

14.1. Servir a los clientes vía LinkedIn 140

14.2. ¿Qué es servir a los clientes? 140

14.3. ¿Qué se necesita para poder dar los servicios que ofreces? 141

14.4. ¿Cómo te conocen, cómo se vende un servicio? 141

14.5. Prográmese 142

15. Hoy no se es nadie si no se está en LinkedIn. 147

15.1. La absoluta necesidad de estar presente en LinkedIn 147

15.2. El liderazgo como herramienta para alcanzar la prosperidad 148

16. Iniciativa de gestión en LinkedIn es la clave de la excelencia en 2014 152

16.1. LinkedIn, "foro romano" de la era 2.0 152

16.2. LinkedIn y la generación de valor 153

17. Preparación para el 3.0 es una necesidad de primer nivel 157

17.1. La industria del networking 157

17.2. Las 4 olas de crecimiento 158

APÈNDICE : LIBROS DE LIDERAZGO RECOMENDADOS POR SPANISH LEADERSHIP 161

PRÓLOGO: De cómo Juan Español acabó leyendo e-volución

En noviembre de 2011 (no me acuerdo muy bien de la fecha exacta, pero creo que fue a mediados de mes), recibí una llamada de mi jefe, Javier Escribano, en aquel momento gerente de El Norte de Castilla Digital y hoy director de la Unidad de Negocios Digitales de El Norte de Castilla. Tras interesarse por mi salud (en agosto había sido mamá por segunda vez), me preguntó si era posible reunirnos brevemente en algún lugar próximo al municipio donde resido. –«Quiero comentarte un proyecto. Es importante», me dijo, y nos citamos para el día siguiente junto a Jesús Fernández Echevarría, (en la actualidad responsable de Bussiness Intelligence de la Unidad Digital de El Norte de Castilla) y a una joven licenciada en prácticas llamada Inés Pérez que compartió con nosotros los primeros meses del proyecto.

En aquel momento no lo sabíamos, pero en aquella reunión se plantó la semilla que germinaría meses después (realmente fueron muy pocos, pero frenéticos, meses) como uno de los proyectos más novedosos y modernos que ha puesto en marcha en los últimos años El Norte de Castilla, y esto no es peccata minuta si consideramos que estamos hablando del decano de la prensa diaria española que, por cierto, este año celebra su 160 aniversario.

Desde el primer momento, desde esa primera reunión informal, se puso sobre la mesa lo que siempre ha sido el alma de e-volución: tratar temas de negocio digital y de tecnología como un fin para realizar negocios. «Tenemos que conseguir que Juan Español, que regenta una frutería en el barrio de La Rondilla, entienda que Internet puede suministrarle cientos de herramientas para evolucionar su negocio al mundo digital o, simplemente, para hacer más sencillo y funcional su trabajo», nos argumentó en aquel momento Javier Escribano.

Y desde entonces Juan Español, como representante del ciudadano de la calle que se labra día a día su futuro, es uno más de un equipo que se fue ampliando (me gustaría citar el trabajo del webmaster José Luis Carrera, los diseñadores He Kyeong Ko y Pedro Resina, el editor multimedia Rodrigo Ucero o el periodista Juan Antonio Pardal como el que se podría llamar 'núcleo duro' del equipo), para dar forma a este bello e interesante proyecto que nació oficialmente en abril de 2012 y que, en un inicio, se asentaba básicamente en tres pilares.

El primero de ellos es el portal web www.e-volucion.es, donde se recogen cada día noticias y artículos de opinión sobre negocio digital y tecnología en los que priman el carácter local y regional de sus protagonistas, a la vez que se busca informar y formar al lector de las posibilidades de Internet como herramienta de negocio.

Junto a esta vertiente web, el segundo pilar es un suplemento en papel de 32 páginas que se publica a mediados de mes junto a El Norte de Castilla y en el que se hace una selección de reportajes y noticias desde un punto de vista eminentemente práctico, buscando convertirse en un complemento de ayuda a la generación de negocio y, por tanto, de empleo.

Y el tercer pilar de e-volución, como no podía ser de otra forma, son las redes sociales. Desde luego un proyecto como este tenía que tener su reflejo viral y esto se ha conseguido gracias a perfiles propios en Facebook, Twitter y Pinterest que han logrado enganchar a seguidores y apasionados de estos ámbitos. Con el tiempo, e-volución también se materializó en encuentros profesionales con los que El Norte de Castilla creó un punto de encuentro entre pymes, empresas TIC, autónomos, investigadores y emprendedores interesados en temas de negocio digital y tecnología. Por este foro trimestral han pasado personajes tan relevantes e interesantes como José Azcona, en aquel momento director de la División IT de Samsung España; el gurú digital Miguel Ángel Morcuende; Borja Adsuara, ex director de Red.es; Santiago Jiménez Barrull, presidente ejecutivo de Maat Internacional; Carmen Carnero, subdirectora general de Servired; o Gonzalo Martín-Villa, CEO de Wayra (Telefónica).

El éxito de estos encuentros nos llevó a dar un paso más y a organizar e-Coned, un gran congreso nacional de Negocio Digital y Tecnología que se celebró el 24 de septiembre en Valladolid convirtiéndose en el primero que acogía Castilla y León sobre estos temas.

Tuvimos el privilegio de contar con 19 ponentes de gran prestigio y experiencia como el experto en 'hacking' y seguridad Chema Alonso; Ignacio Pérez Dolset, coproductor de la película de animación Planet 51; María Fanjul, CEO de Entradas.com; Javier Cantera, presidente del grupo BLC; el emprendedor Xavier Verdaguer, llegado directamente desde Silicon Valley; la actriz Ana Morgade o el coaching Alfonso Alcántara.

Una larga andadura para un proyecto que en abril cumple sus dos primeros años sin haber perdido un ápice su 'mantra' inicial de 'conquistar' a Juan Español. Y en este tiempo, uno de nuestros más fieles colaboradores ha sido Jorge Zuazola. Empresario, consultor y leadership gurú no ha fallado a su cita con e-volución desde mayo de 2012 y su primer artículo 'España tiene que liderar en network y 2.0'.

En total, hemos 'colgado' ya en la web 65 artículos en los que analiza Linkedin como una gran oportunidad de negocio, hace hincapié en el gran talento de los españoles y no duda en recordar las bondades de la tecnología. Siempre, eso sí, en un tono positivo y motivador tan necesario en estos tiempos tan aciagos.

Algunos de esos artículos se recogen en este libro junto a otros que tratan términos tan sugerentes e interesantes como inteligencia en los negocios, anticipación, humildad y, sobre todo, liderazgo, mucho, mucho liderazgo. Seguro que este libro es el espejo en el que se van a mirar muchos líderes, presentes y futuros, aunque algunos de ellos no sepan aún que lo son.

Liliana Martínez Colodrón

Jefa de Sección Web de El Norte de Castilla

Coordinadora del proyecto e-volución

Valladolid, 28 Enero de 2014

CAPÍTULO 1

Por Jorge Zuazola
http://de.LinkedIn.com/in/jorgezuazolaleadership

BIOGRAFÍA

Jorge Zuazola es el fundador de www.spanishleadership.com que él mismo define como una **triple I** en inglés (Internet Ideas Incubator o sea una Incubadora de Ideas por Internet). Español de 46 años, es doble licenciado en Ciencias Económicas y Empresariales por La Comercial de Deusto en Bilbao, Master en Business Administration por el City Business College de Londres y afiliado al Instituto de Auditoría Interna en Londres.

Tras licenciarse en Deusto Jorge tuvo el privilegio de ser de los pocos españoles que se beneficiaron de la beca COMETT de la CEE (hoy en día UE) y en 1990 trabajó 6 meses en la British Steel, la única siderurgia europea entonces privatizada por obra del liberalismo de Margaret Thatcher. Tras trabajar tanto en Londres como en Montreal regresó a Bilbao en Octubre de 1990 entrando a formar parte de KPMG pero su filosofía pro-anglosajona le llevó de regreso a Londres en Abril 1992 para comenzar su MBA en la City de Londres. Tras completarlo en Agosto 1993 empezó a trabajar en Iberia Londres pero rápidamente su pedigrí en el mercado londinense le llevó a ser buscado para Thorn EMI en los European Headquarters en Fráncfort.

Debido a la separación de Thorn y EMI, dichos headquarters se cerraron por lo que Jorge entró a trabajar en Septiembre 1995 en la sede central de Adidas en Alemania reportando al Vicepresidente de Auditoría Interna como parte de la estructura necesaria para sacar la empresa a bolsa. La salida a bolsa guiada por el Chief Financial Officer, de Adidas, un MBA de Wharton, llamado Pierre Galbois, a quien Jorge considera su mentor, marcó un hito en Europa por ser la primera en hacerse de acuerdo a las normas IFRS resultando en una cuatruplicación del precio de salida de la acción en bolsa en 12 meses. Allí tuvo el privilegio de ver como en España surgía en 1996 un auténtico líder y gestor llamado Benjamín Clarí (del que Jorge se confesa entusiasta admirador) porque desde que le conoció nunca tuvo ninguna duda de que Benjamín lograría grandes cosas en el mundo de la gestión deportiva. Lo logrado por Benjamín Clarí de 1996 a 2005 confirmó la percepción de Jorge. Por eso Benjamín es el embajador de Spanish Leadership.

Tras su paso por Adidas, Jorge se mudó a Londres donde fue Gerente de Auditoría y Control de Fortune Brands, un gran holding americano que tiene intereses en el deporte como las marcas de Golf Titleist, Footjoy y Cobra. Posteriormente fue Vicepresidente de Auditoria de la empresa HEAD el fabricante de productos de esquí, raquetas y pelotas de tenis. Entre ambas empresas también tuvo su experiencia en Estados Unidos como Director de Auditoría Interna de la empresa consultora META Group, un consulting de tecnología que cotizaba en Nasdaq en Nueva York y que actualmente es parte de Gartner. Allí se familiarizó con el concepto de Retained Advisory Services (RAS) (que en español se traduciría como Servicios de Asesoramiento Exclusivo) a clientes como American Express, Bank of America u otro tipo de instituciones globales.

Jorge reside actualmente en Fráncfort, Alemania en función de su último rol como Controller Financiero para Europa en un proveedor americano de General Motors. Sin embargo debido a la bancarrota de esta empresa los proyectos de Jorge son actualmente de consultoría. Ya estando en dicha empresa un LinkedIneador norteamericano le ofreció formar parte de la Society of Industry Leaders de Nueva York en la empresa Vista Research que era parte de Standard & Poors y que ahora es parte de Guide Point Global. También vía LinkedIn opera como European Financial Contractor de Adams Harris una pequeña firma de Atlanta, y de Solomon Edwards, una firma de gran tamaño en EE.UU, donde se especializa en US GAAP, Sarbanes-Oxley y gestión de riesgos, asi como consultor de Primary Insight LLC un leading provider de network serevices.

A nivel de Leadership como fundador de Spanish Leadership ofrece RAS a deportistas, empresas y entidades deportivas y también como uno de los expertos de LinkedIn en Alemania (como se puede ver en su perfil público http://de.LinkedIn.com/in/jorgezuazolaleadership que sale el primero en búsquedas en Google) asesora a empresas para desarrollar sus redes de negocio hasta llegar a fundar German Leadership. Sin embargo de lo más orgulloso que está Jorge es de sus más de 16 años de entrenamiento de sistema de network marketing a través de empresas como Pronet, Internet Services y ahora Network 21 lo cual le ha permitido ser uno de los estudiantes más fieles del mundo de la escuela financiera de Robert Kiyosaki.

A nivel futbolístico Jorge está orgulloso de decir que es solo hincha del EFC (España Fútbol Club). Para él no existe más color que el rojo y amarillo. Jorge entiende que cuanto más progresen los equipos españoles en Champions (llámense Liverpool, Arsenal, Chelsea o Sevilla, Málaga y Valencia y no solo Madrid o Barcelona) mayores serán las opciones de que Vicente Del Bosque tenga un equipo altamente experimentado.

Una de sus mayores satisfacciones futbolísticas tras volver del Alemania-España de Viena fue el leer la unanimidad de la prensa alemana destacando que los 11 titulares españoles eran experimentados jugadores de la Champions League lo cual fue la clave del éxito de España. Por el contrario del once titular alemán solo había 4 titulares genuinos en Champions: Lahm Schweinsteiger Ballack y Klose puesto que ni Lehmann ni Podolski ni Metzelder eran titulares en sus respectivos equipos y el resto no eran jugadores regulares de Champions. Su idea de fundar Spanish Leadership.com surge de una serie de conversaciones y encuentros incidentales con Iker Casillas, Xavi Hernández, Carles Puyol y Andrés Iniesta en Bruselas en Octubre 2008 durante la disputa del Bélgica-España de fase clasificatoria para el Mundial 2010.

1. Iniciativa, concepto de liderazgo y presencia en medios

1.1. Octubre 2008: La idea surge en un viaje Fráncfort-Bruselas-Fráncfort

En Octubre 2008 aproveché las vacaciones alemanas otoñales de las Herbtsferien parar irme a Bruselas a ver el Bélgica-España de calificación para el Mundial 2010. Mi objetivo era doble. Por un lado verificar in situ que lo que había vivido en el Ernst Happel de Viena el 29 Junio 2008 no era flor de un día y por otro lado pasearme con orgullo con mi bandera española por la capital de Europa Bruselas como campeón de Europa.

Estando en el hotel de la selección española para recoger mi entrada, de manos de las grandes profesionales que son Silvia Dorschnevora y Paloma Antoranz de la Real Federación Española de Fútbol, tuve que hacer mi tiempo de espera como todo el mundo. En este tiempo de espera me hice esta foto con los vascos españoles del equipo, Xabi Alonso y Andoni Iraola así como con Miguel Gutiérrez, fisioterapeuta de la selección que en Octubre 1984 me trató en la consulta del doctor Carlos Ruiz (ex delantero centro del Athletic de Bilbao y el Espanyol de Barcelona) de una recuperación de rodilla tras una operación de menisco que me llevó a dejar el fútbol por la Universidad pues no me operé del ligamento cruzado que tengo roto.

Iker Casillas se encontraba en un salón charlando con algún asesor. Tras acabar la charla nos saluda a un grupo de aficionados y dice en alto "Me voy a ver una película" Le digo ¿Tienes Internet para ver? Me contesta que sí. Y le digo ¿Te has visto ese video que hay colgado por ahí en el que salen los de tu pueblo de Móstoles con la camiseta de Móstoles a Viena? Me dice Iker "No ¿Cuál es? Le di el título que había visto colgado en Internet y me dijo lo veo (Iker es de Móstoles).

España ganó aquel día en Bruselas, cuando Don Andrés Iniesta nos deleitó con aquel golazo. Lo que no sospechaba yo es que al día siguiente me iba a topar con él en persona. Yo salía en un vuelo a Fráncfort sobre las 10.30 porque estaba de vacaciones. Y por lo visto Xavi Hernández, Carles Puyol y Andrés Iniesta ya estaban en la onda de maravilla de Pep Guardiola porque habían hecho noche en Bruselas para descansar y tomar el primer vuelo a Barcelona para llegar al entrenamiento del Barca.

Según paso el control de seguridad y metales en una de las multitudinarias colas del mal organizado aeropuerto de Zaventum de Bruselas miro a mí cola de la izquierda y veo un pitufo con pelo picho "engominadín" que resalta por no ser hombre de negocios. Me digo (no puede ser Xavi). El tipo andaba inclinado y con un montón de gente de corbata solo lo cual daba el cante. Volví a mirar tras dar unos pasos y cuando yo ya había recogido mi equipaje de mano, vi que era Xavi. Me di cuenta de que como habían estado 10 días en Estonia y Bélgica su maletón de equipaje de mano no era aceptado por seguridad. Así que salté a echarle un cable con el inglés porque le quitaban todo tipo de cremas que llevaba. Le dije a seguridad del aeropuerto quién era y que le tratasen bien.

Mientras esperaba a Xavi vuelvo hacia atrás a la cola donde yo había pasado y veo uno que en español tiene melenas. Le veo de perfil y que hace un gesto de enfado con tanto coñazo de control. Y es Puyol, cuando voy a acercarme a él casi empujo con mi tamaño a otro diminuto que va de traje sin corbata y que es Andrés Iniesta.

Le digo a Andrés, "primero enhorabuena por tu golazo y segundo gracias". Y me contesta como un caballero que está tímido hablando conmigo: "Muchas gracias". Me deja perplejo y mientras esperamos a Xavi los 3, nos hacemos dos fotos por separado con cada jugador. La seguridad se pone a gritar en inglés y se me echan encima. Pero yo solo me acelero cuando hablo español. En inglés no acepto lecciones. Me querían confiscar la cámara. Le dije a la tipa que saliese su manager o llamaba a la policía. Vino la manager. Le enseñé que tenía fotos en el estadio y con los jugadores en el hotel y que no iba a entregar mi cámara. Me pidió que borrase las fotos en esa zona de seguridad del aeropuerto delante de ella. Lo híce. Le mostré liderazgo y aceptó. Me dejó ir y Xavi ya venía hacía nosotros para subir las escaleras mecánicas.

Le digo a Xavi, "es que son muy estrictos". Me dice "joe macho aquí te miran todo hasta tu ropa interior". Le digo: "Hasta la cámara casi me quitan. Ahora nos hacemos una foto en la zona de arriba". Y le digo: "No he venido desde Fráncfort para estar avergonzado de vosotros sino orgulloso, voy a crear una empresa de liderazgo por Internet". Y Xavi me dió la primera lección de liderazgo, me miró a los ojos y me dijo ¿Sí? Y yo le expliqué que algo quería hacer. Que tras haber estado con 12.000 españoles (aquello parecía el Ernst Happel de Viena) venidos de Bélgica, Holanda, Francia, Alemania y hasta un autobús de Edimburgo, algo había que hacer por la gente. "¿No viste la pancarta de Gracias Campeones?" le dije. "Si si", me responde el tipo anonadado. Aquí las 2 fotos que me inspiraron: la foto con el trío estelar del Barca y la pancarta que alguien llevó al estadio.

El que nos hace la foto fue un belga que luego salió corriendo detrás de Puyol. No les había reconocido inicialmente pero luego le dijo Puyoooooooolllllll. Y era ejecutivo de empresa.

Después me fui a una sala de Frequent Flyer de Lufthansa y ví que el video que le había dicho a Iker había tenido visitas el día anterior. Hice un query en Internet y me dió BÈLGICA como último país donde se había visto el video más de 20 veces. Me di cuenta que los jugadores habían visto el video por orden de su capitán y líder.

Cuando escribí mi primer libro (LinkedIn 100 millones) quedaban aún más de 2 meses para el comienzo del Mundial. Ese libro no versaba sobre el Mundial sino sobre Liderazgo por tanto su publicación es independiente de tal evento. De hecho Ángel María Villar demostró su enésima dote de liderazgo confirmando a Vicente Del Bosque pase lo que pase. Así se hacen las cosas en los países serios dije en Abril 2010 en LinkedIn 100 millones. Y mira si acerté: Campeones del Mundo con gol de Iniesta. No obstante te dejo con un logo que es un montaje de Photoshop para que te reflejes en nuestros deportistas. Son unos líderes españoles. Emilio Sánchez Vicario me dijo que Feliciano López está encantado con Spanish Leadership pues les inspiró en la consecución de la cuarta Copa Davis en 2009. Como verás en la sección 1.2 todo es consistente.

1.2. La definición de liderazgo es sólo una simple frase

En una frase: Liderazgo es tratar con gente desde el principio hasta el final.

La mayoría de la gente en España equivocadamente diría que liderazgo es visión, coraje, credibilidad, determinación o incluso militarismo o política. En Spanish Leadership creemos sinceramente que liderazgo es, primero y sobre todo, tratar con la gente. Se trata de que los líderes sean capaces de liberar a la gente para que estos hagan lo que necesitan hacer en la forma más productiva y beneficiosa para ellos y para todos. Tú no te puedes llamar líder y no tener seguidores.

Los logros y enhorabuenas más grandes de un líder son sus seguidores y sus seguidores reflejarán el valor positivo y las misiones de un líder. Lógicamente lo opuesto es también verdad: Liderazgo defectuoso – por ejemplo la falta de integridad, que, tristemente, a menudo asociamos con los políticos de la España de hoy- se reproducirá por sí mismo en sus seguidores más defectuosos aún.

Esta es la razón por la que el logo de Spanish Leadership es en inglés, TEAM porque TEAM equivale a:

Together
Everybody
Achieves
More.

Si bien el logo oficial de Spanish Leadership está en portada, el logo antes mencionado en sección 1.1 solo saca a nuestros deportistas. Estamos orgullosos de ellos. Spanish Leadership es un triple iii (Internet Ideas Incubator o Incubadora de Ideas en Internet) en inglés. Tiene que ser en inglés porque tristemente la mayoría de los hombres mujeres de nuestro país piensan que ser fluidos en inglés no es un deber. Equivocadamente piensan que alguien vendrá y les pondrá un alfombra roja para ser fluidos en un inglés de buen nivel. Todos los que están asociados a Spanish Leadership son nativos españoles. Sin embargo como TEAM combinamos más de un siglo de experiencia internacional en Europa, Estados Unidos, Asia Pacifico, África y Sudamérica. Somos todos seriamente fluidos en inglés.

El Liderazgo es simplemente realizar acciones y motivar a los otros a hacer lo mismo. Contrariamente a la creencia generalizada en España, el liderazgo no es solamente tener una posición de trabajo para chorrear del mismo (y aclaro que la palabra chorreo la aprendí muchos años después de haber aprendido en inglés la palabra Spout y fue debido a un breve presidente del Real Madrid). La mayoría de la gente que está España no entiende (o no quiere entender) que las posiciones y los títulos de trabajo van y vienen. Las acciones y las relaciones son las marcas del verdadero liderazgo, y son las marcas que duran para siempre.

Sin la gente nunca puede haber liderazgo. La gente es el corazón, alma y espíritu de cualquier organización. Sin gente no hay necesidad de líderes. Los líderes son por tanto responsables de ver a su gente utilizar sus activos y cualidades. Son los que son responsables de la próxima generación de liderazgo. Tienen que concentrarse en lo que la gente se puede convertir no en lo que son en el momento presente. La función del liderazgo es producir más líderes, no más seguidores.

El éxito es una decisión. Tú puedes convertirte en el líder de los lideres si te adhieres al principio de que el crecimiento y el desarrollo de la gente es la cualidad más alta de liderazgo. Queremos españoles nativos, fluidos en inglés, que surjan como líderes en la arena mundial. En el campo de los negocios, deporte, investigación, innovación, caridad, y emprendedores entre otros muchos campos.

Tú decides si nos quieres seguir y ser un verdadero Spanish Leader.

1.3. El ser excelente es la antítesis del cainita y del mediocre

Dentro de mi amplísima bibliografía en la web de Spanish Leadership (mayormente en inglés salvo algunas excepciones en español) verás una referencia al libro El Ser Excelente del catedrático mexicano Miguel Ángel Cornejo. Es un libro que leí hace muchos años y que me he leído 2 veces. El Profesor Cornejo es un prestigiado conferenciante que ha convocado a miles de personas en conferencias en todo el mundo (España incluida) para escuchar sus conceptos de la Excelencia del ser humano.

Probando que creer en supersticiones es de un ser mediocre (y utilizarlas a toro pasado de cainita) el libro de Cornejo te da los 13 retos de la excelencia. No voy a parafrasear a Cornejo porque te reto a que compres su libro y como español vuelvas a nacer mentalmente aprendiendo de un mexicano. Pero si te digo que en jerga española (me refiero de España en Europa donde se habla un castellano mucho peor que en muchos países de la América Latina, y se discute a todas horas con malos modos), Cornejo viene a decir que el Ser Excelente es:

1. El que hace las cosas y no busca excusas para no hacerlas
2. El que produce oportunidades para alcanzar el éxito
3. El que con una férrea disciplina forja un carácter de triunfador
4. El que se traza un plan y logra los objetivos sin importar circunstancias
5. El que dice en alto que se equivocó y propone no cometer el mismo error
6. El que se levanta con superación cada vez que se cae con un fracaso
7. El que desarrolla plenamente sus potencialidades
8. El que alcanza la realización trabajando diariamente (fines de semana incluidos)
9. El que crea algo: sea empresa, sistema, vida u otras cosas
10. El que es responsable de sus propias acciones libres
11. El que actúa contra la pobreza, la calumnia y la injusticia
12. El que eleva su espíritu y sueña con lograr lo que parece imposible
13. El que trasciende a nuestro tiempo legando a las futuras generaciones un mundo mejor

A sensu contrario Cornejo también hace un comentario sobre aquellos que se transforman los viernes para vivir plenamente el sábado y el domingo por la noche empiezan a morirse nuevamente, y el lunes van como zombis a la oficina arrastrando la cabeza deseando que vuelva a ser viernes por la tarde para reiniciar su transformación.

Para mí ese es el ser español cainita y mediocre hoy en día. Como verás en sucesivos capítulos tras comprar el dominio spanishleadership.com fundé un grupo del mismo nombre en la red de profesionales www.LinkedIn.com. Ahí tengo buenos amigos y asociados. Pero desgraciadamente abundan los quejicas, llorones y cainitas. Recibo desde finales del 2008 docenas de E-Mails (cuando no llamadas) diciendo "Jorge colócame, búscame algo fuera de España o en España". Esto me hace pensar que un ingeniero maño en Madrid que habla inglés, español y alemán mejor que yo tiene razón cuando habla de los paralelismos entre España y la India por el sistema de castas. No te ofendas. Es verdad esta observación. En EE.UU, Reino Unido, Alemania u Holanda lo de las castas no se tolera. En España ser hijo de es todavía un factor. Nunca saldremos adelante como país por esto (entre otras muchas cosas). Y digo salir adelante para ser el primer país de la tierra.

Fue esa actitud de unos cuantos no excelentes la que me ha llevado a escribir libros. Spanish Leadership no estaba ligado al Mundial 2010. Ya teníamos líderes consagrados como Pau Gasol, Rafa Nadal, Feliciano López, Emilio Sánchez Vicario, Lolo Sainz (te recomiendo su web aprendedeldeporte.com), Alberto Contador, Fernando Alonso, Iker Casillas, Fernando Torres, Xavi Hernández, Carles Puyol, Dani Güiza, Pepe Reina, Andrés Iniesta, Marcos Senna (lo cito como mejor jugador español en la Eurocopa para mi gusto y por ser el fundador de una fundación con su nombre contra el hambre y la pobreza, lo cual evidencia la excelencia a la que se refiere Miguel Angel Cornejo) y tantos otros.

Si sigues quejándote, lloriqueando nunca llegarás a la excelencia de liderazgo.

1.4. E-volución en vanguardia: Los mejores artículos hasta la fecha

Un ejemplo de excelencia de liderazgo es e-volución de El Norte de Castilla http://e-volucion.elnortedecastilla.es/. Desde que Liliana Martínez Colodrón me dio la oportunidad de escribir en su sección he aumentado mi radio de acción considerablemente. Todos los días reviso e-volución desde Alemania y reviso mi "google alert" con noticias de tecnología. De todo lo que publico en Internet lo mejor va siempre para e-volución. Te selecciono querido lector los mejores artículos que ahí he publicado. Y te digo, con la H de Humildad de Vicente del Bosque, que si esos artículos los tradujese al inglés o alemán serían los mejores del mercado. Porque humildad no está reñida con timidez. Lo dicen todos los gurús del liderazgo. Disfruta estos artículos y el resto del libro. Va tener mucho gancho querido lector.

1.4.1 España tiene que liderar en network y 2.0

Cuando allá por el mes de Enero y Febrero "disfrutábamos" temperaturas de máximas de menos 12 grados decidí conducir por toda la geografía alemana del Sur (Frankfurt) al Norte (Braunschweig) simplemente para aprender. Para autoinvertir en mí mismo asistiendo a una convención de empresarios de leadership y network llena de oradores internacionales.

Un orador internacional de apellido Polaco, Hetnal, pero nacido en Australia dió unos datos que me dejaron anodado. Donald Trump, Richard Branson y Warren Buffett pagan miles de dólares a sus expertos para invertir en empresas de network. Es decir en empresas que ya tienen asociados que constituyen su éxito. Los datos eran impresionantes porque, dado que la empresa pionera es de capital privado y no está a la venta por ser propiedad de las familias holandesas-americanas De Vos y Van Andel, dichos asesores habian estudiado el caso de las empresas seguidoras de la pionera ya que 11 de ellas que cotizan en bolsa han dado crecimiento durante toda la recesión mientras que la citada pionera, Grupo Alticor, ha presentado cifra record en 2011 con casi 11 billones de dólares (10.9 billones).

Tras salir de aquella convención hice research y además tiré de mi red de contactos en LinkedIn. Comprobé con tranquilidad que lo que escribí en mi primer libro en inglés en 2010 (LinkedIn 100 million) se había cumplido: el network es la clave del leadership en el mundo 2.0. Cuando escribí aquel primer libro LinkedIn acababa de pasar la marca de 65 millones de usuarios y el autor del primer libro sobre el tema (Revolución LinkedIn), Don Juan Manuel Roca, me dijo "Jorge esto ya es crecimiento exponencial y tenemos el futuro en nuestras manos".

Al mes siguiente de mi research de Febrero, Goldman Sachs recomendó la compra de acciones de LinkedIn cuyo valor de Mercado excede ya los 100 dolares. La semana pasada LinkedIn ha anunciado un nuevo record: 161 millones de usuarios para el primer trimestre del 2012. Esto confirma que se van a exceder de 200 millones de usuarios en el 2012 y que para el Mundial de Brasil del 2014 la cifra de 500 millones es más que superable. Todo ello basado en el poder de la duplicación. La mayoría de la gente aceptaría 1 millón de Euros al contado un 1 de Junio en vez de un centimo duplicandose todos los días solo hasta el 30 de Junio. Su error consiste en no ver que ya durante la cuarta semana del mes la duplicación es exponencial y a 30 de Junio han perdido más de 4 millones de euros. Le reto al lector que haga el cálculo en Excel.

www.spanishleadership.com y su filial www.germanleadership.com definen leadership cómo sigue: Leadership is all about people from beginning to an end. El lector se preguntará porque entonces no todo el mundo lidera. Y aquí aplica el principio del gurú Anthony Robbins en su libro Awaking the Giant "Popular Beliefs are Usually Wrong". Este principio aplica al 100% al manejo que se hace en España en general de Internet y en el País Vasco en particular en la era del network 2.0. La gente se ha tomado el boom de Facebook como algo de carácter divertido pero no ha sabido ver que un inversor californiano de origen alemán, Reid Hoffman, fundó ya en 2003 el gigante del network en la era 2.0, la red de inteligencia de negocios LinkedIn (pronunciése Linkt in).

En vez de pensar en el crecimiento económico como pensábamos de jóvenes en el País Vasco, en base a exportaciones tipo con conceptos de transportes en barco CIF (Cost Insurance Freight) or FOB (Freight on Board) por la ría del Nervión, ahora hay que darse cuenta que la Information Age comenzó a finales de los 90 cuando Bill Gates nos puso Internet en los ordenadores y se ha transformado en el mundo 2.0 gracias a gigantes como LinkedIn cuyo objetivo estratégico es tener los 650 millones de profesionales del planeta tierra LinkedIneados.

Por tanto España tiene que mirarse en el ejemplo de Alemania que lidera el crecimiento además del Reino Unido por su rol político. Existen en España más de 3 millones de LinkedIneadores que deben ser la punta de lanza de la recuperación económica. Hoy en día se ha cumplido el axioma del gurú Robert Kiyosaki que predijo ya en 2002 (en su libro Rich Dad´s Prophecy) que íbamos a un mundo donde lo normal es tener 3 ocupaciones diarias y haber cambiado de trabajo más de 20 veces hasta la fecha de jubilación. El mundo actual es así y cuánto antes se cambie la mentalidad antes se sale de la recesión.

Los Españoles tiene mucho talento pero su desconocimiento de la tecnología y los idiomas les ha dejado detrás. Por eso LinkedIn es la esperanza. Con 3 millones de LinkedIneadores nacionales actuales, si el número se duplicara la recesión estaría mucho más acotada. Y Madrid, Cataluña y el País Vasco tiene que liderar tal cambio de mentalidad.

http://e-volucion.elnortedecastilla.es/formacion/perfiles-profesionales-del-siglo-xxi/espana-tiene-que-liderar-en-network-y-20-09052012.html

1.4.2 De la Kawasaki de Silicon Valley a la España sin motor: Cómo LinkedIn crea riqueza y empleo

Las creencias populares suelen ser erróneas para los negocios. La popularidad de Facebook es un ejemplo de mala creencia así como de inadecuada gestión de tiempo tanto profesional como de ocio. Por contra LinkedIn es un pot of gold para Silicon Valley. A continuación relato las 10 formas más standards en las que las empresas de Silicon Valley vienen utilizando LinkedIn desde el comienzo de la recesión en 2007. Estas formas las publicó en su momento uno de los Silicon Valley leaders, Guy Kawasaki. Dado su nombre de motorista servidor confía que su "business savvy" sirva a la España sin motor económico. Esa España que se anda preguntado siempre cual es su marca cuando en realidad la grandeza es un trabajo interior como sostiene Spanish Leadership.

Aquí el Decálogo Kawasaki debidamente castellanizado y actualizado por servidor. Las empresas sacan gran partido a LinkedIn:

1. Logrando nuevos clientes a través de recomendaciones en línea y el boca a boca.
Los clientes satisfechos son la mejor fuente de nuevos clientes. Aumentando las recomendaciones "word of mouth", pidiendo a los clientes satisfechos que te escriban una recomendación, que se publicarán en el perfil de LinkedIn y se transmitirá a toda su red de LinkedIn, el usuario y su empresa ganan cuota de Mercado a nivel nacional e internacional. Servidor ya está al tanto de bastantes empresas y empresarios nacionales expandiéndose en Africa, Sudámerica y Asia vía clientes LinkedIn.

2. Manteniendose en contacto con personas que más se preocupan por su negocio.

LinkedIn ayudar a mantener vivo el negocio en la mente de las personas que más se preocupan por hacer negocios, es decir los empresarios. LinkedIn es eficaz por dos razones: la intención de hacer negocios de los usuarios de LinkedIn y la reducción de la necesidad de hacer actualizaciones del estado de los negocios de la empresa, porque una red inteligente significa que la empresa en cuestion permanece on" top of the mind" del cliente dado que LinkedInear significa vincularse. Ese mecanismo de vinculación es muy superior a una relación distante con el cliente. Es mucho más fraternal y permite generar negocio de manera continuada.

3. Encontrando los proveedores adecuados para "tercerizar" servicios en los que no eres un experto.

Piense el gestor o CEO de una empresa en el número de veces que ha pedido a sus compañeros de dirección si sabían de un gran diseñador de páginas web o del proveedor más eficiente de material prima por poner 2 ejemplos opuestos. LinkedIn hace que sea fácil para la empresa, el que pueda encontrar y proveedores de formación profesional mediante la red de sus compañeros. Además, también puede negociar los servicios con sus proveedores de conexiones a LinkedIn, una especie de sistema de referencia común muy similar al "competitive bidding". De hecho, SAP, la empresa líder alemana, que ya contaba con su propia red de expertos, la tiene dentro de LinkedIn bajo el nombre de SCN: Sap Community Network. Precisamente para tener los consultores proveedores de servicio más experimentados.

4. Construcción de su red de empresa en el sector, haciéndolo en línea y en persona.

Aquí es fundamental el Directorio de Búsqueda de LinkedIn en Grupos para buscar asociaciones de la industria en general y el sector en concreto. Por ejemplo la super importante industria de las telecomunicaciones tiene mas de 1.600 Grupos en LinkedIn. Y en cada grupo hay miles de ejecutivos de cientos de empresas de ese sector. Es como un CNI para los negocios. Las empresas que tengan la visión serán capaces de vincularse de forma fraternal con los clientes y mantener la leatad a sus servicios y productos de forma mucho más éxitosa que aquellas que obten por la vieja forma de hacer marketing y publicidad.

5. Obtención de respuestas a preguntas difíciles de negocio con una pequeña ayuda de sus amigos de verdad.

Propietarios de pequeñas empresas hacen frente a preguntas difíciles en una serie de temas clave de gestión. Y lo hacen cada día. LinkedIn "Answers" y Grupos te permiten encontrar respuestas a esas preguntas desconcertantes rápidamente, recurriendo a la sabiduría de la red (hay cientos de categorías diferentes sobre las respuestas, incluyendo una dedicada exclusivamente a las pequeñas empresas y más de 2000 grupos sobre temas relacionados con el negocio pequeño) . Se pueden hacer preguntas de todo tipo sean fiscales, de exportación, desarrollo de negocios etc… Siempre habrá un experto que te ayuda. LinkedIn es de hecho un "wealth of expertise".

6. Ganando nuevos negocios en base a tu área de especialización.
Las empresas y gestores utilizan los muchos foros de LinkedIn para compartir el conocimiento que han ganado en su área de especialización. Esta es una gran oportunidad para ganar nuevos negocios o al menos encontrar clientes potenciales para lanzar su negocio.

Por tanto se equivocan muy mucho quienes hablan de lanzamientos internacionales de "Mercado" sin haber penetrado el Mercado LinkedIn. Servidor ha hecho gestiones para mercados tan divergentes como Hong Kohn, Gambia, Guinea Ecuatorial o Colombia amen de Estados Unidos y Europa. Todo via ordenador primero con LinkedIn y después con Skype para consulta telefónica. Los clientes potenciales encuentran sus respuestas cuando se utiliza la búsqueda avanzada de LinkedIn Respuestas. Y no se olvide, lo que va, vuelve. No te olvides, esta es una gran manera de constrastar, en tono suave y respetuoso, tus habilidades y experiencia personal y de tu empresa.

7. Aumentando la financiación.

El gestor puede utilizar LinkedIn para encontrar gurus, mentores e inversionistas potenciales para la puesta en marcha de negocios, porque ya en sus comienzos había más de tres millones de profesionales de los más de 12 millones de inicio y profesionales de pequeñas empresas en LinkedIn y es que siempre es bueno estar en contacto con la gente que han estado en financiación antes. Dado que ahora el crecimiento es exponencial y se ha llegado a 161 millones (y se va a pasar de 200 millones en 2012) la proporcion del 25% (3/12) es si cabe mucho más importante. Una vez que estés conectado, tu participación en LinkedIn (respuestas, actualizaciones de estado o conversaciones en grupo), incluso puede hacer que consideres invertir en una empresa. Aqui la receta Kawasaki no es más que una confirmación de la escuela de Robert Kiyosaki: para la hora de jubilación habrás cambiado de empleo 20 veces y tendrás que haber creado tu propia empresa. Un irlandes llamado Frank Hannigan recaudó los fondos necesarios para un start up via su red de LinkedIn en sólo 10 días.

8. Construyendo una red con sus compañeros en su sector para repetición de negocios.

Los Grupos de LinkedIn son un medio poderosísimo para encontrar compañeros en sus respectivas industrias y para encontrar negocios para compartir con las referencias. Por ejemplo, los corredores de hipoteca pueden encontrar agentes de bienes raíces para asociarse con los grupos pertinentes y las empresas más pequeñas saben que estos socios son su mejor fuente de referencias ya que pueden convertirse en la repetición de negocios. Con más de 2000 grupos dedicados a temas de la pequeña empresa, el gestor puede estar seguro de encontrar un grupo relevante en la red. Aquí se hace realidad el concepto Vermeiren: El poder de LinkedIn no son tus contactos de primer nivel sino los de segundo nivel que están en los Grupos. Porque se trata de duplicarte a tí mismo y a tu empresa.

9. Convenciendo a los clientes potenciales de su experiencia al compartir el contenido del blog.

Las pequeñas empresas son suficientemente inteligentes para crear contenido único en su experiencia (ya sea con un blog o una cuenta de twitter) y deben vincularse a ella desde sus perfiles de LinkedIn. O dar un paso más mediante la promoción de contenidos blog destacando a los miembros de LinkedIn en el sitio (por ejemplo, con pequeños anuncios de texto). Se puede especificar exactamente lo que verán en sus anuncios los ejecutivos o vicepresidentes-e incluir un enlace a su perfil de LinkedIn para que sepan quién está detrás de este contenido.

10. Mantentiendo una "company page" de gran presencia.

Millones de empresas tienen un perfil de empresa en LinkedIn, en el módulo del "perfil público" para las empresas. Estas páginas que parecen superficie, en realidad dan las estadísticas clave sobre las empresas, las nuevas contrataciones, así como los hilos conductores de los negocios. No sólo los perfiles de empresas dan una visión única de su competitividad, sino que también le darán la oportunidad de toparse con los empleados, clientes y proveedores potenciales navegando por las páginas de la empresa. Muchos consultores hacen negocio haciendo el mapping de las empresas y dibujando el organigrama para saber como generar oportunidad de negocio.

http://e-volucion.elnortedecastilla.es/formacion/perfiles-profesionales-del-siglo-xxi/de-la-kawasaki-de-silicon-valley-la-espana-sin-motor-como-LinkedIn-crea

1.4.3 LinkedIn te da una leadership advantage en SEO que particulares y empresas no pueden ignorar.

Sin que suene a autobombo querido lector debo decir que estoy encantado con e-volution de El Norte de Castilla. Veo el artículo de Jesús Fernandez Echevarría sobre Search Engine Optimization (SEO) y no puedo por más que congratular a su autor y al periódico. Vamos a ver si consigo aportar mi granito de arena.

Cuando tuve el primer training con Jan Vermeiren el guru de LinkedIn en Bélgica en 2010 nos insistió mucho en este tema: LinkedIn como networking giant te permite dominar la Internet vía SEO si tienes una estrategia clara y das 12 pasos claros que son:

1. Manejar tu numero de business intelligence en función del aging (fecha de entrada en LinkedIn) con el debido benchmarking sobre la network activity y el número de Grupos (un mínimo de 6).

2. Crear tu e-mail inteligente ex-professo para LinkedIn y la correcta aplicación del professional goal sea para persona o para empresa.

3. Hacer la búsqueda de mercado estratificada como business intelligence sea a nivel de mercado desde el CEO al Jefe Departamental (en cualquier parte del mundo) o como individuo laboral. La intermediación es tiempo pasado.

4. Aprender el sistema 1,2,3 de contactos aplicándolo a business intelligence y combinando todas las features. Cada palabrita en azul te da paso a una pantalla inteligente que hay que saber utilizar.

5. The power of LinkedIn es 2nd degree networking. Está en los libros de Vermeiren y en cantidad de videos youtube. Spanish Leadership te patenta intelectualmente una nota de persuasión.

6. No solo es exportar contactos como en el punto 4 es también importar. Lo dice el libro de Hoffman que la tecnología es fundamental y el address book también.

7. La ecuación tu marca personal (empresa o individuo) de leadership incardinada en Grupos y URL. Tal y como dije en inglés en una entrevista de Febrero en EE:UU con los que en 2006 escribieron el libro Rock the World con LinkedIn, en el mundo 2.0 la ecuación es leadership, network y LinkedIn.

8. El trilinguismo mínimo de URLs en Español, Portugués e Inglés. Muchos de los que vienen

a la formación de Spanish Leadership no se habían dado cuenta de que su URL en Spanish la leía todo el mundo en castellano o que a sensu contrario su URL en inglés no salía en Español. Además cada URL es una web con lo cual lideras SEO en Google y en virtud del punto 2 con el e-mail inteligente. Esto es exactamente lo que dice Jesús Fernández Echevarría cuando dice que "En España todavía hay mucha gente que no los conoce ni sabe qué hacen, pero cada vez más se les está asignando el valor que se merecen. La dificultad de su trabajo y lo especial del mismo hacen que estos profesionales en Estados Unidos lleguen a cobrar más de cien mil dólares al año.

Muchos hay que se hacen llamar SEO en España, pero pocos pueden todavía presumir de conseguir realmente resultados acordes a su trabajo. Es un mercado al alza y con poca competencia hasta el momento."

Lo clava mi amigo Jesús. Y si bien no cobro 100.000 dólares por SEO si puedo demostrar como aplico lo que dice Jesús que aprendí vía Vermeiren. Aquí la prueba:

- http://de.LinkedIn.com/in/jorgezuazolaleadership es mi perfil en inglés standard que ve todo el mundo a pesar de tener una de para Alemania.
- http://de.LinkedIn.com/in/jorgezuazolaleadership/es es mi perfil en castellano que se ve en mi nación y en todos los países de habla hispana, excluido Brasil.
- http://de.LinkedIn.com/in/jorgezuazolaleadership/pt es mi perfil en portugués que se ve en Brasil y Portugal.
- http://de.LinkedIn.com/in/jorgezuazolaleadership/de es mi perfil en alemán que se ve en Alemania, Suiza y Austria.
- http://de.LinkedIn.com/in/jorgezuazolaleadership/nl es mi perfil en holandés que se ve en Holanda.

y seguirán otros perfiles en italiano, francés, etc… inclusive ruso y japonés. Es tener una web, una URL para cada mercado y al poner el e-mail LinkedIn/google tal que jorge.zuazola.consulting.LinkedIn@googlemail.com se domina Internet.

Si a eso se le suman webs de leadership asociados a perfiles LinkedIn se comprende que esto es business intelligence tal como se ve en www.spanishleadership.com y www.germanleadership.com a los que van a seguir American Leadership, Austrian Leadership, French Leadership y British Leadership. Y como recomienda LinkedIn en su Help Section el Grupo de LinkedIn tiene que tener el mismo nombre que la URL. Por eso en Spanish Leadership estan los mejores ejecutivos nacionales tanto dentro como fuera de nuestras fronteras.

9. Tecnologia Inmaps que LinkedIn pone a tu disposicion y te visualiza tu red red inteligente.

10. Foto: Los mejores casos a tu disposición. Todos pecan en mi país de corbatas y lejanías de la cámara. Mi foto tiene truco porque estoy mucho más joven pero porque seguí las pautas de los gurús: pon solo tu cara.

11. Tu professional headline que no tiene nada que ver con tu ocupación actual porque eso ya sale en la búsqueda estratificada. Al contrario una professional headline incorrecta te hunde en el anonimato porque competes con el attention span (con n no con m, es algo diferente a spam) de 8 segundos.

12. Tu summary que tiene que ser 6-8 párrafos de 2 lineas cada uno respetando the all

importante legibility factor y en todos los idiomas sea con contactos o sea con translate.google.com como hace Mike O´Neil el gurú norteamericano. El network en Internet crea riqueza tanto para empresas como para particulares. Es cuestión de verlo como mi colega Jesús Fernández Echevarría. Y sino se ve para eso esta este vídeo:

Spanish Leadership lidera en LinkedIn creando riqueza para particulares y empresas
http://www.youtube.com/watch?v=QMxQh7d3tKA

http://e-volucion.elnortedecastilla.es/formacion/perfiles-profesionales-del-siglo-xxi/LinkedIn-te-da-una-leadership-advantage-en-seo-que-particulares-y

1.4.4 Razones de gestión por las cuales LinkedIn es muy superior a Facebook ya en B2B y probablemente en B2C también.

Un principio de leadership alemán dice que Zeit ist leben. Es decir que el tiempo es vivir. Viene a decirnos que si gestionas bien el tiempo vives mejor. Y este principio lo aceptan los americanos quienes ya sostienen sin reservas que Facebook es el sitio de networking donde mayormente pasamos tiempo o ….lo perdemos. El argumento de negocios es muy sencillo: Simplemente porque mucha gente esté en Facebook ello no significa que sea el mejor uso del tiempo y de los esfuerzos profesionales para generar negocio. Si se tiene en cuenta que LinkedIn va a superar los 200 millones de profesionales en 2012 y llegará a 500 millones para el Mundial de Brasil (siendo el objetivo estratégico los 650 Millones de Profesionales del Planeta), el gestor de empresa debe asegurarse que no se queda atrás perdiendo el tiempo.

Las razones de gestión por las cuales LinkedIn es muy superior a Facebook en B2B son las siguientes

1. LinkedIn permite una interacción mas robusta entre las empresas y sus potenciales clientes seguidores.

En Facebook las empresas están bastante restringidas a las populares Fan Pages. Sin embargo LinkedIn ofrece la habilidad de construir una comunidad de profesionales pública (es decir todos los clientes) a través de la super herramienta Grupos LinkedIn que es muy superior a la Company Page que también tiene LinkedIn y que iguala a la Fan Page de Facebook. Tan es así que ya en el 2011 empresas como Hewlett-Packard tenían igual número de seguidores en una Fan Page que en una Company Page. Y ahora las empresas dan el paso via Grupos LinkedIn porque éstos ofrecen las siguientes ventajas que no tiene Facebook:

1. Compartir contenido de negocios, incluida tu propia web, a una audiencia masiva y cualificada.

2. Automática incrustación en Twitter y en el mismo Facebook desde LinkedIn que actúa así como una especie de madre nodriza en el mundo 2.0.

3. Posibilidad inmediata de contactar a cada cliente vía el mensaje directo que ofrece la membresía en LinkedIn Groups. Esta posibilidad sólo la tiene LinkedIn porque es la única que usa un modelo estratificado de network basado en anchura que te da rentabilidad (contactos de primer nivel) y profundidad que te da seguridad (contactos de segundo y tercer nivel).

4. En consecuencia, LinkedIn permite establecer "targets" comerciales ajustandose a una comunidad de profesionales en vez de a una serie de usuarios anónimos de carácter social. Dicho de otra forma es mucho mejor tener como cliente al Director de Compras de una empresa en un Grupo LinkedIn que tenerlo como un follower en una fan page de Facebook.

2. LinkedIn ofrece mejores herramientas de gestión

Los administradores de las Fan Page de Facebook encuentran en numerosas ocasiones problemas para gestionarlas eficientemente porque las configuraciones pre-establecidas no les permiten un control específico de contenido. Sin embargo, LinkedIn tiene varias herramientas de gestión y moderación que permite al administrador de Grupos asegurarse que el objetivo de negocios y comercial del grupo se mantiene. Pero además el administrador puede, no sólo enviar mensajes personales a cada usuario como cliente potencial, sino que también revisar diariamente los nuevos clientes potenciales y eventualmente establecer mecanismos de co-operación promocionandoles como managers o creando subgrupos juntos. Así hay muchos casos, notablemente el irlandés Frank Hannigan, de gente que ha hecho raise funding sólo vía LinkedIn para crear nuevas empresas. Hannigan recaudó 200.000 euros para su empresa Rigbag en 2009. http://ie.LinkedIn.com/in/hanniganfrank evidencia que hoy es ya el presidente del Consejo de 3 empresas y director en otras 2. Porque utiliza LinkedIn como herramienta de gestión.

3. El acceso del público permite mayor visibilidad y compromiso con el cliente interesado

Incialmente las Fan Pages de Facebook tenían un cierto grado de mayor popularidad pero eso fue hasta que en 2011, y dada la éxitosa salida a Bolsa de LinkedIn (hasta tal punto que Goldman Sachs recomienda invertir en LinkedIn), LinkedIn decidiese permitir hacer de los Grupos un territorio abierto. La apertura de Grupos combinada con la automática interacción en Twitter y Facebook permite dominar SEO en Google desde LinkedIn como ya mencioné en algún artículo anterior. Es más que posible que a día de hoy se pasen de varios millones de Grupos en LinkedIn porque servidor fundó en Octubre 2008 Spanish Leadership en Fráncfort tanto en web 1.0 como en LinkedIn Grupo 2.0 y está entre la cifra de los primeros en LinkedIn siendo el grupo 1.072.317 http://www.LinkedIn.com/groups/Spanish-Leadership-1072317?gid=1072317

Mientras que un grupo de nueva creación en Junio 2012 se va ya al número 4.483.681 que es el creado por Mónica García Bustamante en Madrid y llamado Spanish Management Leadership

http://www.LinkedIn.com/groups/Spanish-Management-Leadership-4483681?gid=4483681

4. Los miembros de los Grupos tienen mucho espacio para líderar

El compromiso de los Grupos LinkedIn es significativo porque hay mucho espacio para explicarse: hasta 4.000 carácteres. Lo cual permite hasta escribir business plans. Los usuarios no están confinados a los "small status update boxes" de Facebook. Lo cual permite establecer asociaciones de negocios muy rápidamente. Si se tiene en cuenta que cada usuario es una persona tangible con sus credenciales profesionales detrás se da cuenta el lector de que todo lo que se trata de negocios se hace con una seriedad y rigor de primer nivel porque nadie quiere poner tonterías que afecten a su credibilidad profesional.

5. LinkedIn genera una parte tangible y sustancial de ingresos como evidencia el caso de Drink Irish Dog en EE.UU

Muchos usuarios (sobre todo en medios de comunicación) siguen teniendo la percepción errónea de que porque en Facebook haya muchos usuarios se vende más en B2C (Business to Consumer). Tomemos el caso de www.drinkirishdog.com que genera el 27% del tráfico a su web vía LinkedIn y que, consistentemente, el 25% de sus ingresos vienen de distribuidores encontrados vía LinkedIn porque se dieron cuenta de que

- Facebook les permitía sólo dirigirse al end-user consumer en mercados masificados
- LinkedIn les permitió dirigirse a las empresas y distribuidores que como mayoristas lo distribuían a consumidores finales

Si una empresa que vende un producto similar al Bloody Mary, lo cual es B2C, ha sido capaz de lograrlo es obvio que hay muchas empresas en el mundo que lo están haciendo. De la habilidad del gestor nacional de entender el nuevo marketing depende el futuro (ya presente) de muchas empresas. El CEO debe ser consciente de que cada empleado debe ser una persona de ventas con su perfil LinkedIn. Por eso mis mentores norteamericanos y europeos como Schaffer, Ruff, Breibarth o Vermeiren defienden que el CEO es el primero que tiene que ser un usuario eficiente en LinkedIn. Porque si se empieza por el Departamento de Ventas la cuestión se convierte en una batalla interna política. Es el único problema que tiene LinkedIn: que no es fácil verlo a primera vista. Y es que todo lo bueno siempre requiere un esfuerzo adicional.

http://e-volucion.elnortedecastilla.es/negocio-digital/razones-de-gestion-por-las-cuales-LinkedIn-es-muy-superior-facebook-ya-en-b2b-y-06072012.html

1.4.5 El éxito del caso Philips en LinkedIn y el cuestionamiento de Facebook por la BBC

Es muy posible querido lector que si tienes ya unas cuantas canas te acuerdes de la multinacional Philips por los televisores. Pero lo cierto es que hoy en día Philips obtiene más del 30% de sus ventas de las divisiones del cuidado de la salud, tan es así que muchos de sus esfuerzos de marketing B2B se dirigen tanto a los doctores como a personales de hospitales. Philips llevó a cabo investigación de mercado sobre los doctores llegando a la conclusión de que los doctores pasan mucho tiempo en internet porque aprecian la oportunidad de estar tiempo compartiendo ideas con profesionales y comunidades.

Con estos datos Phillips utilizó el gigante de la inteligencia de negocios, LinkedIn para obtener concluyentes datos: más de 5 millones de doctores estaban ya en LinkedIn. Fue entonces cuando su Director de Global Online Hans Notenboom http://nl.LinkedIn.com/in/jmnotenboom se dió cuenta de algo que tenemos interiorizado todos los expertos en LinkedIn: que no se pueden hacer grupos con la marca de la empresa porque el cliente se siente perseguido. Se trata de hacer grupos que permiten al cliente considerarlo parte de ellos mismos.

Y bajo ese concepto lanzaron el grupo bajo el nombre de Innovations in Health que está gestionado por el mismísímo Director de Marketing de la empresa Korstian van Wyngaarden http://nl.LinkedIn.com/in/kvanw. El grupo esta soportado por una web ad-hoc que no tiene nada que ver con en el nombre de Philips sino que se llama http://www.getinsidehealth.com. Además el grupo tiene ya 4 subgrupos gestionados por staff de la empresa Philips.

Y como empresa bien gestionada Philips no ha parado ahí sino que ha seguido con más grupos donde solo pone el logo de la empresa pero el grupo tiene otro nombre referido a la gente adulta, a ciudades sanas, a radiologia etc..

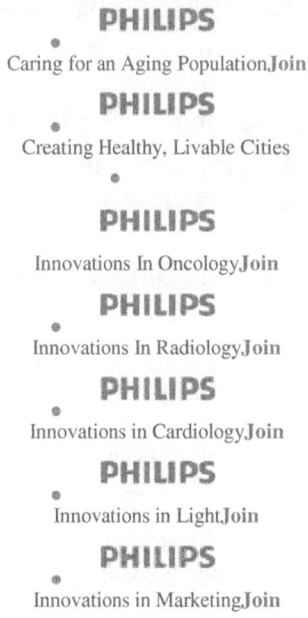

Se puede concluir sin niguna duda que el equipo directivo de Philips no sufre de lo que hoy se conoce ya como Marketing Miopia en el mundo 2.0. En Spanish Leadership nos dimos cuenta ya en 2008 pues nuestro grupo http://www.LinkedIn.com/groups/Spanish-Leadership-1072317 está casi entre el primer millón de grupos mientras que Philips está mucho más atrás http://www.LinkedIn.com/groups/Innovations-In-Health-2308956 es decir más de 2,3 millones. Esto quiere decir que nunca es tarde si la dicha es buena.

Por contra estos días la BBC nos http://www.bbc.com/news/technology-18813237 informa de que el me gusta (Like) y los anuncios de Facebook son cuestionados en cuanto a veracidad y eficacia. No me sorprende. Sin dudar del éxito de Facebook el mensaje es muy claro: Facebook tiene muchas deficiencias tecnológicas de hábitos 1.0. Por contra el éxito de Philips evidencia el indiscutible liderazgo de la tecnología 2.0 de LinkedIn. Personalmente pienso que el valor estratégico de Marketing y Ventas de los Grupos LinkedIn es incalculable. Y Philips nos lo ha demostrado.

http://e-volucion.elnortedecastilla.es/actualidad-digital/el-exito-del-caso-philips-en-LinkedIn-v-el-cuestionamiento-de-facebook-por-la-26072012.html

1.4.6 LinkedIn demuestra porque es la joya de la corona tanto en resultados como en generar millionarios

LinkedIn Corporation (NYSE: LNKD), la mayor red mundial de profesionales en Internet, en la actualidad con más de 175 millones de miembros, reportó sus resultados financieros correspondientes al segundo trimestre finalizado el 30 de junio 2012, el pasado 2 de Agosto a las 23 horas de Europa (hora del cierre de Wall Street) y la verdad es que la joya de la corona no defraudó:

- Los ingresos del segundo trimestre fueron de $ 228,2 millones, un aumento del 89% en comparación con $ 121.0 millones en el segundo trimestre de 2011.
- El beneficio neto del segundo trimestre fue de $ 2,8 millones, en comparación con un beneficio neto de $ 4.5 millones para el segundo trimestre de 2011.
- El EBITDA ajustado para el segundo trimestre fue de $ 50,4 millones, o 22% de los ingresos, en comparación con $ 26,3 millones para el segundo trimestre de 2011, o sea el 22% de los ingresos.

"LinkedIn tenido un segundo trimestre fuerte con todos nuestros indicadores clave de funcionamiento y financieros que muestran un desempeño sólido", dijo Jeff Weiner, CEO de LinkedIn. "Nuestra continua inversión en innovación de productos llevó a la participación saludable, medida por miembros visitantes únicos y puntos de vista miembros de la página, y nuestras tres fuentes de ingresos han experimentado un notable crecimiento."

Los Detalles financieros del segundo trimestre y el resumen operative confiman la visión de Weiner

Ya cuando reportó las cifras del primer trimestre todos los canales financieros de TV estadounidenses destacaron a LinkedIn. En concreto los analistas hacían hincapié en que seguir aumentando ingresos en el core business a la vez que aumentar ingresos en nuevas líneas de negocio era espectacular. Este trimestre sigue la tendencia:

- La contratación de Soluciones de Recursos Humanos: Los Ingresos de la contratación de productos de recursos humanos totalizaron $ 121,6 millones, un aumento del 107% en comparación con el segundo trimestre de 2011. Ademas estos ingresos representaron el 53% del total de ingresos en el segundo trimestre de 2012, frente al 48% en el segundo trimestre de 2011. Un negocio super sólido en toda regla
- Soluciones de Marketing: Ingresos procedentes de Soluciones de Productos Marketing ascendieron a $ 63,1 millones, un aumento del 64% en comparación con el segundo trimestre de 2011. Marketing de Soluciones de ingresos representó el 28% del total de ingresos en el segundo trimestre de 2012, frente al 32% en el segundo trimestre de 2011.
- Las suscripciones Premium: ingresos procedentes de suscripciones premium de productos ascendieron a US $ 43,5 millones, un incremento del 82% en comparación con el segundo trimestre de 2011. Suscripciones premium representas el 19% del total de ingresos en el segundo trimestre de 2012, comparado con el 20% de los ingresos en el segundo trimestre de 2011.

Todos estos resultados nos dan una idea de la solidez del negocio de ahi que LinkedIn haya sacado ya el modulo LinkedIn for Sales Force para que los equipos de venta vendan a través de LinkedIn.

Los ingresos de los EE.UU. ascendieron a $ 147,3 millones, y representaron el 65% del total de ingresos en el segundo trimestre de 2012. Los ingresos de los mercados internacionales ascendieron a US $ 81,0 millones, y representaron el 35% del total de ingresos en el segundo trimestre de 2012.

Avances tecnólogicos durante el segundo trimestre

Durante el segundo trimestre LinkedIn lanzó su primera aplicación diseñada para el iPad. La aplicación fue recibida positivamente, y las tendencias de participación son alentadoras ya que más de la mitad de páginas vistas en la aplicación se generan por el contenido centrado en productos tales como actualizaciones, noticias y grupos.

Además ha simplificado el diseño de su buque insignia social de las novedades de productos LinkedIn Hoy en día, y añadió una integración más profunda en la página de inicio.
LinkedIn tambien ha publicado actualizaciones de estado estadísticas seguidor para los más de dos millones de organizaciones en LinkedIn con Perfiles de Empresas activas.

Igualmente ha completado el despliegue de Banco de Talento para todo el universo de clientes de LinkedIn Recruiter. En menos de tres meses, los clientes reclutadores ya han agregado más de un millón de posibles candidatos en el Banco de Talento, la mejora de su capacidad para identificar de forma rápida y contratar a nuevos talentos para sus organizaciones.
Además, en julio LinkedIn comenzó el despliegue de un importante rediseño de la página, lo que permite a los miembros a descubrir, compartir y discutir la información profesional que es más importante para ellos. El rediseño ha comenzado a impactar positivamente en las estadisticas de compromiso, por ejemplo, las acciones de negocio que se originan en LinkedIn, incluyendo actualizaciones de estado, se encuentran ahora en máximos históricos.

La joya de la corona anuncia un panorama de los negocios altamente positivo

LinkedIn proporciona orientación para el tercer trimestre de 2012, y la revisión de la orientación al alza para todo el año de 2012 en los ingresos, el EBITDA ajustado, y la compensación basada en acciones.

Los ingresos del tercer trimestre de 2012 se prevé que oscilarán entre los $235 millones a $240 millones. La compañía espera que el EBITDA ajustado dé entre US $42 millones y $45 millones.

Para el ejercicio complete, la compañía ha revisado su gama de los ingresos previstos al alza a $ 915 millones a $ 925 millones. La compañía también ha revisado al alza su rango esperado EBITDA ajustado de $185 millones a $190 millones. La compañía ahora espera compensación basada en acciones en un rango entre US $ 85 millones y $95 millones.

Sigue aumentando el número de personas que generan negocios millonarios vía LinkedIn

La página http://100million.LinkedIn.com/ fue creada por LinkedIn cuando se llegó a los 100 millones en 2011. Destacan 100 miembros que han tenido éxito en LinkedIn. En artículos posteriores iremos desmenuzando cada caso pero por el momento destacamos los siguientes:

- James Filbird un nortamericano en China que debido a que allí no se puede utilizar ni Twitter ni Facebook genera todo su negocio vía LinkedIn facturando 5 millones de dólares anuales en import/export como explica su perfil público en LinkedIn

http://cn.LinkedIn.com/in/globaltrading. Veáse la importancia de la URL para SEO como ya indiqué en artículos anteriores.
- Hervé Bloch el francés que aún a pesar de estar originariamente en Viadeo ha fundado varias empresas entre la que destaca Digilinx la cual genera mas de 6 millones de Euros en ingresos via LinkedIn. El perfil público puede verse en http://fr.LinkedIn.com/in/hervebloch
- Frank Hannigan el emprendedor irlandés que recaudó 200.000 Euros en 10 días para Razor empresa de la que ahora es Presidente además de dirigir y presider otras 2 empresas como puede verse en su perfil público en http://ie.LinkedIn.com/in/hanniganfrank

http://e-volucion.elnortedecastilla.es/actualidad-digital/LinkedIn-demuestra-por-que-es-la-joya-de-la-corona-tanto-en-resultados-como-en-10082012.html

1.4.7 Emprendedores LinkedIn: De Michael Dell a Frank Hannigan, el 2.0 te muestra el éxito en la recesión

Comenzamos hoy la serie emprendedores en el mundo tecnólogico LinkedIn 2.0. La serie va a constar de casos empresarios de éxito en tiempos de recesión. Para esta entrega hacemos un ramillete de extranjeros. Para las próximas entregas iremos presentando empresarios nacionales.

Michael Dell (el fundador de Dell) tiene 20.000 contactos directos en LinkedIn. Un ejemplo de eficiencia tecnológica de la que el CEO español debe aprender

Vía la gurú norteamericana Lori Ruff http://www.LinkedIn.com/in/loriruff sé desde hace meses que Michael Dell tiene ni más ni menos que 20.000 contactos de primer nivel en LinkedIn. Si tienes alguna duda lo puedes googlear pero yo mismo te ofrezco esta URL http://socialmediasun.com/connect-with-business-leaders-on-LinkedIn/.

Si miras al perfil de Michael Dell en LinkedIn http://www.LinkedIn.com/in/mdell verás que pone hasta su e-mail de contacto pero no acepta invitaciones de personas que no conoce físicamente. Según Lori Ruff, Dell utiliza LinkedIn para estar en contacto con todos los business partners (clientes, proveedores, instituciones etc.) para:

➢ Mandar actualizaciones regulares
➢ Acceder a información crucial
➢ Organizar su agenda de viaje más fácilmente
➢ Abrir mercado con la inteligencia de negocios que da LinkedIn

Michael Dell se ha dado cuenta de que la pregunta de negocios: Who do you Know? es ya absurda hoy en día. Que todo el mundo está en LinkedIn y que su obligación es estar ahí liderando. Su perfil parece básico pero no lo es. Probablemente no muestre los grupos en los que está para no dar pistas a la competencia. Pero lo utiliza todos los días.

Yo creo que este ejemplo debe sonrojar al CEO de cualquier empresa española por su falta de aptitud tecnológica. Me refiero a aquel CEO que siga tirando de secretarias o que se pasa el tiempo leyendo la prensa en su oficina. Me consta que los hay. Y hacen un flaco favor a nuestro país. Y a su imagen internacional.

Pero también se hacen un flaco favor a sí mismos y su empresa. La razón por la que Michael Dell pone su e-mail en LinkedIn es porque es consciente que cualquier contacto que no entra a su red va a la red de otros y por tanto no quiere dar contactos interesantes a la competencia. Yo mismo le voy a regalar este artículo y le daré la enhorabuena por su visión. Aqui te dejo con la gigantesca red que tengo. La de Michael Dell es más de 4 veces más grande que la mía.

Aquí ves estadísticas sobre tu red, incluidos el número de usuarios que puedes conocer a través de tus contactos. Tu red aumenta cada vez que añades un contacto — **Invita a contactos ahora**.

Tu red de profesionales de confianza

Tú estás en el centro de tu red. Tus contactos pueden presentarte a 21.335.601+ profesionales; así es como está dividida tu red:

1. Tus contactos   4.619
Tus amigos y colegas de trabajo de confianza

2. A dos grados de distancia   1.236.107+
Amigos de amigos; cada uno conectado a uno de tus contactos.

3. A tres grados de distancia   20.947.906+
Comunícate con estos usuarios por un amigo y uno de sus amigos.

Número total de usuarios que puedes contactar mediante una presentación   21.335.601+

64.546 usuarios nuevos en tu red desde el 10 de Agosto

La red LinkedIn
El número total de usuarios de LinkedIn, que pueden ser contactados directamente a través de mensajes InMail.

Número total de usuarios a los que puedes contactar directamente — prueba con una búsqueda ahora.
175.000.000+

James Filbird el Americano que factura 5 millones de dólares en China via LinkedIn porque allí no hay ni Twitter ni Facebook

Un leadership principle dice que "success is based on how you handle adversity", es decir que el éxito se basa en saber sobrellevar la adversidad. Y es muy cierto.

Como seguramente sabrás querido lector el Gobierno Chino prohibió la utilización de Twitter y Facebook en el pasado. Servidor, que es un LinkedIneador nato, siempre tuvo la confianza de que LinkedIn se mantendría porque es para hacer negocios y de cerrar LinkedIn allí el Gobierno Chino quedaría aislado para los negocios.

Lo que no sospechaba yo es que este norteamericano de nombre James Filbird iba a hacer de la necesidad la virtud. Como puedes ver en su URL astutamente escrita http://cn.LinkedIn.com/in/globaltrading James se dedica a la importacion y exportacion. Es una empresa de su propio nombre. O sea que lo hace él todo él solito.

Dada las restricciones del Gobierno Chino, James decidió no utilizar grupos de política que le pudiesen auto perjudicar, ignoró incipientes grupos de 200 personas y se concentró en los grupos de negocios más grandes de China en LinkedIn

En estos grupos sabedor de que podría haber oficiales del Gobierno Chino (servidor está conectado a algunos ejecutivos de Li Ning que tienen background gubernamental) James se dedico a networkear. A aplicar 2 axiomas del network:

- La anchura (contactos de primer nivel en LinkedIn) te da rentabilidad
- La profundidad (contactos de segundo y tercer nivel de LinkedIn) te da profundidad

Y tuvo un gran éxito. La fuente es verídica y reporta 5 millones de dólares de negocio anual con al menos (y puede ser más) el 80% viniendo de LinkedIn.

http://www.socialmediaexaminer.com/tag/james-filbird/ es la web que lo reporta que es propiedad del Gurú Norteamericano de LinkedIn para B2B en Ventas Neal Schaffer http://www.LinkedIn.com/in/nealschaffer autor de varios libros sobre LinkedIn y que dedica un case study a James Filbird. El método Filbird tiene 7 pasos:

1. Pon un perfil bueno y profesional
2. Estate siempre en el máximo de 50 Grupos

3. Lee lo que dice la gente
4. Participa en los Grupos pues son tópicos serios de profesionales
5. Conecta con los otros profesionales
6. Habla con ellos en Skype para establecer confianza
7. Reevalua tu estrategia regularmente en base a resultados

El caso Filbird prueba que querer es poder. LinkedIn no solo genera empleo (lo cual es obvio) sino tambien riqueza. Y mucha. Cuánto antes te enteres que como dice James Filbird LinkedIn is a pot of gold, antes sales de tu recesión mental.

Hervé Bloch el francés que genera 6 millones de Euros anuales en LinkedIn

Si miras al perfil público de este empresario frances en LinkedIn http://fr.LinkedIn.com/in/hervebloch verás que en 2005 era un co-socio fundador en una start-up que se dedicaba a creacion de webs y sistemas de contenido para las grandes empresas. Para más inri, Hervé no estaba ni tan siquiera en LinkedIn sino en Viadeo por ser francesa. Pero cuando entró en LinkedIn tuvo la sabiduria de utilizar la primera pantalla de inteligencia que el 99% de los usuarios no sabe utilizar y que es esta

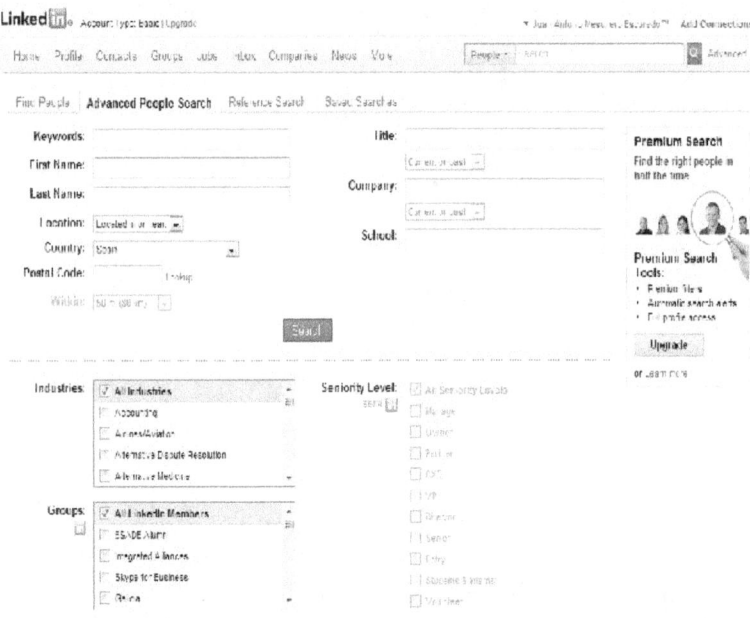

Posteriormente en 2008 se convirtió en Gerente Regional para el Centro y Este de Europa para una empresa proveedora de Emails con lo cual tuvo que gestionar equipos en Suiza, Alemania, y la Federacion Rusa. Inclusive antes de abrir el mercado ruso utilizó la pantalla de business intelligence antes mostrada.

Este proceso de consistencia le llevó a convertirse en un experto de mercados por lo cual se cercioró que era el momento de lanzar su propia empresa que se llama Digilinx. Si bien Hervé no tiene tantos contactos como Michael Dell, es capaz de generar negocio de 6 millones de Euros (según el guru Neal Schaffer) de los cuales el 70% al menos es directamente de clientes LinkedIn.

Peter Taliangis el Australiano de Perth cuya inmobiliaria ofrece propiedades de 4 millones de dólares en LinkedIn.

Peter Taliangis http://au.LinkedIn.com/in/petertaliangis, de Perth, Australia, fue invitado a entrar en LinkedIn en 2006. Y como todos no sabía lo que hacer con ello. Sin embargo sabía que la tecnología importaba mucho y trabajaba mucho con su propia web. Así que progresivamente adoptó el hábito de anunciar a su creciente red de profesionales locales en Perth (que es mucho menor que los hoy 704,000 LinkedIneadores que tienes en Madrid).

Según cuenta Neal Schaffer http://www.LinkedIn.com/in/nealschaffer en su libro Maximizing LinkedIn for Sales and Social Media Marketing un día Peter fue contactado por Kate y Chris Quinn que ya le conocían de LinkedIn. Estaban impresionados con su proactividad en promorcionar propiedades en el sito de LinkedIn. Así que le dieron sus propiedades para listar y acabó vendiendola por 300.000 dólares australianos sacando 6.000 dolares de comisión.

Me he puesto en contacto con Peter y me LinkedIneado con el porque el gran Neal Schaffer solo habla de 300.000 dólares como el inicio de un negocio. Peter me deja atónito con estos datos actualizados porque viene a decir que la venta que cita Neal Schaffer fue la más baja:

- La venta mas baja en LinkedIn fue por 300.000 dólares
- La propiedad más alta listada en LinkedIn fue $ 4millones de dólares
- En Facebook también vendió una propiedad de 1,2 millones de dólares
- En Twitter el listing mas alto fue de 500.000 dólares

Y finaliza con estos datos: Un tercio de las visitas a su portal immobiliario vienen de redes y el 20% de las propiedades listadas vienen también de redes.

Frank Hannigan: De "fund raiser" para una start-up a Presidente de varias empresas

http://ie.LinkedIn.com/in/hanniganfrank demostró al mundo que el rasgo de liderazgo de sencillez (simplicity en inglés) es el que hay que aplicar. Simplemente lanzó un mensaje LinkedIn a su red como sigue: Contacto contigo para recaudar fondos para una start-up. Si este mensaje es de interés para tí pasame un e-mail, sino lo es por favor házme una cortesía profesional pasándoselo a otra persona que pueda interesarle

En 8 días Frank Hannigan recaudó 162.000 Euros para la empresa Goshido de la que actualmente es Presidente. Pero si miras a su perfil verás que ademas es Director de otras 3 empresas y Presidente de otras 2, la mayoría de ellas posteriores a su rol en Goshido que comenzó en el 2009.

El mensaje no puede ser más claro en pleno verano: querer es poder.

Nada que hacen ellos, no lo puedes hacer tú.

http://e-volucion.elnortedecastilla.es/negocio-digital/casos-de-exito/emprendedores-LinkedIn-de-michael-dell-frank-hannigan-el-20-te-muestra-el-exito-15082012

1.4.8 La apuesta por LinkedIn por los gurús de leadership se traduce en LinkedIn 6 Facebook 1 a los ojos de Wall Street

En mi opinion desde Alemania querido Lector tienes que considerarte un privilegiado porque el periódico decano nacional ponga a tu disposición e-volución y además te organice unas

Jornadas un 3 de Octubre justo al día siguiente de un hito histórico que te explico más adelante.

Si crees que estoy siendo pretencioso, te equivocas. España tiene un gran problema y es que es un país de modas. Pero de modas peligrosas que se transforman en costumbres y malos hábitos que acaban de convertirse en males endémicos. Varios de estos males son:

1. El botellón juvenil en sus tiempos.
2. Ver televisión en exceso y sobre todo más alla de las 21.30 lo cual cansa el cerebro y más entre semana.
3. Gastar por encima de las posibilidades de cada uno.
4. Tirarse un mes entero de vacaciones en verano sin hacer nada cuando en Europa las vacaciones se reducen a 2 semanas y el resto se esparce anualmente.
5. Especular con el precio de la vivienda.
6. Endeudarse demasiado.
7. Invertir muy poco en activos sólidos.
8. Hablar inglés bastante mal.
9. Calentarse y enfadarse a todas horas.
10. Aceptar cualquier palabra en extranjero por desconocimiento de idiomas.

Y este punto 10 es lo que pasa con Facebook en España. Dado que es facil pronunciarlo y entender que significa libro de cara la gente pierde horas y horas en Facebook y en Twitter. Como dice el guru número 1 de leadership en el mundo, Tony Robbins, "Popular beliefs are almost always wrong". Y este es el caso de Facebook. Una cosa es que a los americanos les encante la success story de un joven que es un "college drop-out" que funda una empresa y otra cosa es que tenga estrategia y modelo de negocios para responder a las demandas de una empresa que cotiza en bolsa. El último movimiento desesperado es cobrar por utilizar el Like y eso que todavía no se ha cumplido ni 1 año de la salida a bolsa de Facebook.

Por contra LinkedIn lleva desde Mayo 2011 cotizando en Wall Street. Y sigue batiendo récords pasando de 120 dólares por acción. Servidor apostó hace tiempo por su liderazgo y fundamos:
-> Spanish Leadership
-> German Leadership
-> British Leadership
-> American-Leadership
-> Austrian Leadership
-> French Leadership

Y la semana pasada se ha producido el gran notición. Con fecha 2 de Octubre 2012, LinkedIn da el salto definitivo al liderazgo mundial poniendo a Richard Branson, Tony Robbins, Obama y Romney (elemental diplomacia), Deepak Chopra y un sifín de gurús del liderazgo a escribir en LinkedIn su artículo sobre leadership…a diario…. Además nos da a todos la oportunidad de convertirnos en thought leaders presentando nuestras credenciales. Y servidores hemos presentado Vicente del Bosque el Spanish Leader completo que se vende en amazon. Y se lo hemos hecho saber a Gabinete de Presidencia del Gobierno cuyos miembros están en mi red. Porque David Cameron está también escribiendo su artículo de leadership

Este salto de calidad de LinkedIn, apostando ya por el liderazgo de calidad, no es más que la nata del postre de fresas con nata porque tecnólogicamente las ventajas indiscutibles de LinkedIn eran claras desde el primer día, a saber:

1. LinkedIn se ha comido al e-mail hasta tal punto que hoy se recomienda tener un segundo email alternativo para gestionarlo bien. Lo recomendamos los gurús y los propios menus de LinkedIn.

2. Visualización y profundización de la red en base a los axiomas de network.

Anchura: Contactos de primer nivel te dan rentabilidad.
Profundidad: Contactos de segundo nivel y tercer nivel te dan seguridad.

3. Los Grupos de LinkedIn tienen un incalculable valor. No son grupos de chateo ni de calentones para hablar de política sino instrumentos de penetración de mercado así como de adquisición del mayor talent posible.

4. Ganar dinero en LinkedIn está a la orden del día. Desde buscar financiación para tu empresa hasta encontrar clientes y fundar empresas con clientes obtenidos exclusivamente desde LinkedIn.

5. Liderar Internet porque LinkedIn es el primer activo digital que te hace salir en Google.

La proporción 6 a 1 es clara. LinkedIn permite 30.000 contactos y Facebook solo 5.000. 6 veces más. Porque tiene 6 veces más tecnología. 6 veces más equipo directivo. 6 veces más productos. 6 veces más estrategia. Y en definitiva 6 veces más concepción de negocio. Para muestra un botón de mis 6 URLs en LinkedIn:

www.LinkedIn.com/in/jorgezuazolaleadership	(Inglés)
www.LinkedIn.com/in/jorgezuazolaleadership/es	(Español)
www.LinkedIn.com/in/jorgezuazolaleadership/de	(Alemán)
www.LinkedIn.com/in/jorgezuazolaleadership/it	(Italiano)
www.LinkedIn.com/in/jorgezuazolaleadership/nl	(holandés)
www.LinkedIn.com/in/jorgezuazolaleadership/pt	(Portugués)

En conclusión nada de lo que te digo lector es algo que debe sonarte a chino porque e-volución está en la vanguardia de todo y hace varias semanas publicaron este artículo mío Los gurús internacionales y nacionales en tecnología, finanzas, leadership y network (I) http://e-volucion.elnortedecastilla.es/formacion/los-gurus-internacionales-y-nacionales-en-tecnologia-finanzas-leadership-y-24092012.html

Ya ves como acertamos Tony Robbins ya está escribiendo en LinkedIn.

http://e-volucion.elnortedecastilla.es/actualidad-digital/la-apuesta-por-LinkedIn-por-los-gurus-de-leadership-se-traduce-en-LinkedIn-6-11102012.html

1.4.9 E-volución a la altura de EE.UU. y por delante de Barcelona: LinkedIn sigue con "Pulse" en Wall Street

El título de este artículo está jutificadísimo y documentadísimo que diría cierto entrenador de fútbol. En su momento en 2012 publicamos estos 2 artículos.

La apuesta por LinkedIn por los gurús de leadership se traduce en LinkedIn 6 Facebook 1 a los ojos de Wall Street

http://e-volucion.elnortedecastilla.es/actualidad-digital/la-apuesta-por-LinkedIn-por-los-gurus-de-leadership-se-traduce-en-LinkedIn-6-11102012.html

El éxito del caso Philips en LinkedIn v el cuestionamiento de Facebook por la BBC

http://e-volucion.elnortedecastilla.es/actualidad-digital/el-exito-del-caso-philips-en-LinkedIn-v-el-cuestionamiento-de-facebook-por-la-26072012.html

Fue una apuesta por el gusto y por la elegancia basada en la buena información. Y basada en el leadership principle de Tony Robbins "Popular beliefs are almost always wrong" (las creencias populares son casi siempre erróneas). Y estas creencias populares erróneas se basaban en creer que Twitter y Facebook son una apuesta tecnológica seria. No lo son. Pero solo lo dijimos en e-volución. Le reto querido lector que busque otra publicación en castellano que diga la misma calidad de lo que decimos aquí sin dejarnos arrastrar por corrientes populares infundadas.

Y el tiempo nos vuelve a dar la razón. La prestigiosísima University of Massachusetts en Dartmouth, a través de su Center for Marketing Research, concluye en su estudio de mercado que en 2012 LinkedIn se convirtió ya en la red por excelencia entre las empresas privadas que más crecen en EE.UU cómo puede verse en este gráfico.

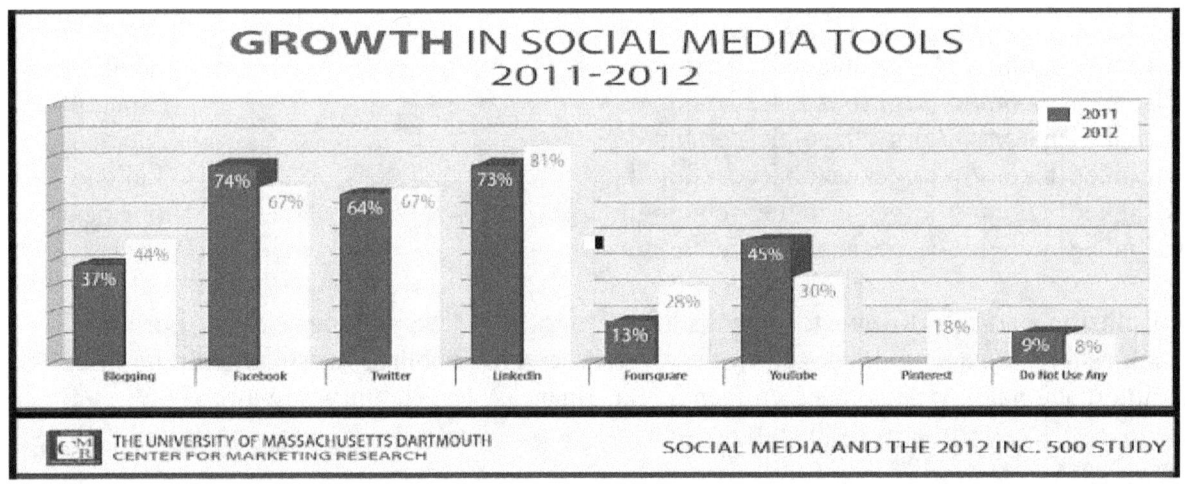

Si bien el gráfico habla por sí solo la web de Marketing Professionals dice http://www.marketingprofs.com/charts/2013/10193/inc-500-LinkedIn-replaces-facebook-as-top-social-tool?goback=%2Egde_66325_member_218320181 que más de 8 de cada 10 (concretamente un 81%) de las empresas del índice Fortune 500 utilizan ya LinkedIn lo cual es un aumento respecto al 73% anterior mientras que claramente Facebook va al revés bajando de un 74% (empate técnico) a un 67% quedándose asi a 14 puntos porcentuales de LinkedIn. Claramente una diferencia que se va a acentuar en 2013 y a lo largo de la década. LinkedIn va a ganar de forma maravillosamente espectacular.

Por contra en nuestra nación se siguen produciendo situaciones cómicas a no ser que leas e-volución. Al mismo tiempo que Esteban Mallo me remite desde Madrid esta información de Dartmouth, el fundador de Barcelona Leadership http://www.LinkedIn.com/company/barcelonaleadership me dice que ha asistido a una ponencia sobre LinkedIn en la Ciudad Condal y ha constatado el retraso versus lo que él lee en e-volución y lo que él sigue en Spanish Leadership en LinkedIn ya que la conferenciante ha dicho que LinkedIn no es una red para vender (en realidad LinkedIn vende 6 veces más que Facebook) que las páginas de empresa son solo testimoniales (en realidad Microsoft recibe inputs de los clientes sobre las ventas hechas y sobre los nuevos productos a lanzar en el mercado) y que Reid Hoffman no transmite un plan claro en El Mejor Negocio Eres Tú (cuando en realidad el ABZ Planning es la marca de Reid). No me sorprende que exista esta falta de información que causen la incredulidad del fundador de Barcelona Leadership. Y es que en nuestro país gusta mucho la cháchara y no la lectura fundamentada.

Lo cierto es que al cerrar estas líneas echan humo las google alerts. LinkedIn que ha subido 80 dólares desde Diciembre (de 100 a 180 $ por acción) está batallando con Microsoft para comprar Pulse que es la joya de "Information Media" en el mundo 2.0. Las webs especializadas ya hablan de LinkedIn como un gigante que puede entrar en el sector de los medios de información. No me sorprende. En nuestro país puede que sí sorprenda. Pero es porque los periodistas no saben que todo lo que hacen en Twitter y Facebook se debe hacer directamente de LinkedIn para conseguir mayor calidad (anchura de red) y cantidad (profundidad de red). De eso hablaremos en otro artículo.

1.4.10 Llegan las showcase pages, el escaparate virtual del marketing de la web 3.0

e-volución sigue en vanguardia. Se deduce del gran artículo de Francisco Javier Escribano Agenda Digital Horizonte 2020 http://e-volucion.elnortedecastilla.es/actualidad-digital/agenda-digital-horizonte-2020-13112013.html donde se explica muy bien la visión que se tuvo en 2007con el 2.0 lo cual se confirma en estos previos artículos míos de 2012 y 2013:

- La web 2.0 escenifica el retraso de los directivos 1.0. De DiNucci a LinkedIn en 11 pasosy 26 minutos http://e-volucion.elnortedecastilla.es/negocio-digital/la-web-20-escenifica-el-retraso-de-los-directivos-10-de-dinucci-LinkedIn-en-11-26112012.html

- El 3.0 entra en el mercado en pleno verano y e-volución lo da en primicia http://e-volucion.elnortedecastilla.es/actualidad-digital/el-30-entra-en-el-mercado-en-pleno-verano-y-e-volucion-lo-da-en-primicia-02082013.html

Las showcase pages son páginas escaparate: el marketing a todas horas

Millones de empresas utilizan sus las paginas de empresa de LinkedIn (web 2.0 de facto) para compartir contenido y oportunidades. Para la comunidad 2.0, la mejor manera de mantenerse al día con las actualizaciones es seguir las empresas de cuyas marcas y servicios están interesados. Sin embargo, algunas empresas tienen una gran variedad de marcas y productos. ¿Cómo puede saber Cisco usted está particularmente interesado en sus soluciones de Enterprise Network, Security Products, o en su Internet?

A partir de ahora, la comunidad 2.0 de LinkedIn podrá seguir las marcas y productos específicos que más les interesan a través de las Showcase Pages o Páginas Escaparate.
Páginas Escaparate son páginas dedicadas a un servicio o nicho de mercado que permiten a las empresas poner de relieve diferentes aspectos del negocio de cada empresa y construir relaciones con la comunidad 2.0. Se trate de una marca, una unidad de negocios, o una

iniciativa, a través de una pagina escaparate cada empresa le proporcionará al usuario las actualizaciones que más le interesen.

Fácil interacción, Mejor Visualización

Interactuar con Showcase Pages es fácil. Estas páginas son todo sobre contenido, por lo que al visitar una página Showcase se puede llegar rápidamente a las últimas actualizaciones de mercado. Al igual que cualquier página de empresa en LinkedIn, si el usuario desea asegurarse de que ve las futuras actualizaciones en su feed, simplemente se hace clic en el botón "Seguir".

Si el usuario es un administrador de la página de empresa, se puede crear fácilmente una propia página showcase. Los pasos son muy sencillos:

1. En primer lugar, identificar las áreas de negocio de su empresa que necesitan una Página Escaparate.
2. Luego ir al menú desplegable " Editar" y seleccionar " Crear una página Showcase".
3. Una vez creada, el usuario puede empezar a compartir contenidos de su página.

El usuario también será capaz de controlar el rendimiento de su Showcase Page a través de herramientas de análisis. LinkedIn va a estar lanzando este nuevo producto a nivel mundial en los próximos días, así que si usted no ve la opción Showcase página en este momento, por favor, busque en los próximos días. Pero en Spanish Leadership web 2.0 (http://www.LinkedIn.com/company/spanish-leadership) compartimos nuestra Showcase Page "Spanish Leadership in Network" http://www.LinkedIn.com/company/leadership-in-network para que se vea que los "Spanish Leaders" no tenemos que envidiar a nadie de las multinacionales ni tener complejos. Una simple foto de nuestra cosecha en el Ernst Happel Stadion de Viena en la final de la Euro el 29 de Junio 2008 da cobertura a nuestro leadership que está a la altura de las grandes multinacionales.

Grandes multinacionales en vanguardia

Para ver el tipo de contenido que podría obtener de Showcase Pages, recomendamos al lector que eche un vistazo tambien a las grandes multinacionales como por ejemplo:

- Microsoft Office http://www.LinkedIn.com/company/microsoft-office?trk=corpblog_1113_aviad_showcasepages,
- Adobe MarketingCloud http://www.LinkedIn.com/company/adobe-marketing-cloud?trk=corpblog_1113_aviad_showcasepages, y
- Infraestructura Convergente de Hewlett-Packard http://www.LinkedIn.com/company/hp-converged-infrastructure?trk=corpblog_1113_aviad_showcasepages .

Además el gestor puede aumentar sus ventas considerablemente con las soluciones de negocio de LinkedIn, que ahora ofrecen Showcase Pages de:

- Soluciones LinkedIn Talent http://www.LinkedIn.com/company/LinkedIn-talent-solutions?trk=corpblog_1113_aviad_showcasepages ,
- LinkedIn Marketing Solutions http://www.LinkedIn.com/company/LinkedIn-marketing-solutions?trk=corpblog_1113_aviad_showcasepages, y
- LinkedIn soluciones de ventas http://www.LinkedIn.com/company/LinkedIn-sales-solutions?trk=corpblog_1113_aviad_showcasepages

En definitiva querido lector toda una joya tecnológica 3.0 que aquí en e-volución te traemos en vanguardia. No es necesario tener nada extra para crear una showcase page. Es la ventaja del 3.0. Se piensa ya en imágenes. Es el marketing de escaparate 3.0.

http://e-volucion.elnortedecastilla.es/actualidad-digital/llegan-las-showcase-pages-el-escaparate-virtual-del-marketing-de-la-web-30-25112013.html

Jorge Zuazola, Fráncfort, Alemania, 17 Enero 2014.

CAPÍTULO 2

Por Ronald C. Stern
http://www.LinkedIn.com/in/ronaldsternconsultants

Arturo de las Heras
http://es.LinkedIn.com/in/arturodelasheras

Carlos Puig Sagi-Vela
http://www.LinkedIn.com/in/carlospuigfinancefreedom/es

José Luis Portela
es.LinkedIn.com/in/porteladireccionproyectosie/

BIOGRAFÍA

Ronald C. Stern
STERN INTERNATIONAL of Switzerland® - since 1980 -
Is your LEADERSHIP strong AND flexible at the same time?

Madrid y alrededores, España | Consultoría de estrategia y operaciones

Actual   SWISSLEADERSHIP.net, Spanish Leadership, STERN INTERNATIONAL of Switzerland
Anterior   GUSTAV KÄSER TRAINING INTERNATIONAL
Educación   GUSTAV KÄSER TRAINING INTERNATIONAL

Enviar un mensaje

más de 500 contactos

es.linkedin.com/in/ronaldsternconsultants   Información de contacto

BIOGRAFÍA

Ronald C. Stern es Honorary Chairman de **STERN INTERNATIONAL of Switzerland,** Top-Management Consultants. Ha introducido en España la práctica del liderazgo y del coaching en 1980. Antes de Consultor fue Top-Manager de éxito: uno de los 5 CEO`s que **salvaron a la Industria Relojera Suiza** ante los ataques de los japoneses, y **LA CONVIRTIERON EN NÚMERO UNO MUNDIAL.** Es Suizo, ha vivido en 12 países y domina 5 idiomas.

Stern también es campeón mundial de ventas. Empezó a vender después de su carrera de ingeniero superior de telecomunicación en Suiza. Primero en Olivetti Zürich, después en XEROX Suiza; en la cual se convirtió en el mejor vendedor de Europa y en el Director Nacional de Ventas más joven del mundo. En Xerox también colaboró en la creación y el desarrollo de XEROX LEARNING SYSTEMS (Rochester/USA – London/UK) y sus programas de entrenamiento de vendedores PSS (Professional Selling Skills, TPV en Español). Sigue manteniendose como Campeón Mundial de Ventas de su anterior empresa, Gustav Käser Training International, de la cual se separó en 1999.

2. Pool de Expertos: Lo que el 2.0 representa de facto para el gestor

2.1 Pool de Expertos (Ronald C. Stern) Excusarse en el mañana no es ser un buen Director General

Excusas = No las hay para un CEO. ¿Por qué?
Porque lo que hacen sus equipos es el RESULTADO de cómo trata a PERSONAS

¡El trabajo de un CEO no es decirle a la gente lo que tiene que hacer!
Si lo hace, solo confirma que ha tomado decisiones equivocadas.

Excusitis es la enfermedad del fracaso

El que tendría que irse es el CEO. Porque la empresa depende de la capacidad del CEO de rodearse solo de los mejores, y de darles crédito y confianza mientras no le demuestren lo contrario. CEO's desconfiados son un agujero negro que destruye toda ilusión. Un CEO no puede quejarse de su equipo, no puede buscar culpables cuando algo ha salido mal. EL CULPABLE SIEMPRE ES ÉL. Así se ahorra el tiempo para buscar. ¡No hay excusas!

Mi colega Jim Collins dice en su famoso libro "From Good to Great":

"La clave no es configurar un "Dream-Team" – eso no sería nada nuevo. La clave es lo que se hace PRIMERO. Y eso es SUBIR a las personas ADECUADAS al autobús y hacer que se bajen las no adecuadas. Y eso hay que hacerlo ANTES de decidir cual va a ser el destino del viaje en autobús."

Tan importante es eso, que se me ocurre una cita del famoso compositor, arreglista y director de orquesta Quincy Jones: "A veces tengo que despedir al mejor músico de una orquesta. Por su personalidad disonante."

LA CLAVE DEL ÉXITO SON LAS PERSONAS ADECUADAS

Para que una empresa funcione como un equipo deportivo de alta competición, hace falta sinergia. Y eso requiere resonancia entre las personas. Sinergia no solo es sumar. Es multiplicar de forma exponencial. La función del CEO es saber elevar el espíritu de las personas. Lo que yo llamo "Inteligencia Espiritual"®. Es la clave del liderazgo, del que se habla tantas tonterías.

LOS ACCIONISTAS TAMBIÉN DEBEN SER LAS PERSONAS ADECUADAS

Eso lo decide el CEO.

Apple no repartió dividendos a sus accionistas entre 1995 y 2012. Porque no solo opera con modelos de negocio, sino con un MODELO DE EMPRESA con una VISIÓN A LARGO

PLAZO. Steve Jobs se ocupó de tener motivados a los accionistas entre 1995 y 2012. Si un CEO no sabe hacer eso, la empresa cae irremediablemente en el cortoplacismo y en la división, que es lo que hay, cuando no hay VISIÓN.

El ejemplo opuesto es la Banca Española. ¡Vaya vergüenza de pésimos gestores! – En 2009 recibieron nada menos que CIEN MIL MILLONES DE EUROS de su limpiabotas Zapatero, DINERO PÚBLICO, ¡mientras – el mismo año – repartieron unos pingües DIVIDENDOS!

Pero el tema no se queda ahí. ¿Por qué digo yo que son unos pésimos gestores? – Muy sencillo: reciben el dinero del BCE al 1%, te dan una hipoteca al 6,5%, es decir que tienen un beneficio bruto del 550%!! - ¡A pesar de un beneficio bruto que no tiene NADIE, del 550%, pierden dinero! – Son unos pésimos gestores. Ya sabemos porque dijo Zapatero que era la mejor Banca del mundo. Pero volvamos a la importancia de las personas:

El verdadero significado atroz de las siglas MBA

De lo que también se habla muchas tonterías, es del "trabajo en equipo". La clave no son los conocimientos, hoy commodity que se puede comprar o copiar. Todo esto gira en torno a paradigmas, actitudes y comportamientos, que son posibles de cambiar y mejorar, pero la mayoría de los directivos solo consiguen lo contrario. Razón por la cual el 80% del personal de las mejores empresas del mundo no está motivado y mucho menos comprometido. ¿Por qué?

Por la toxicidad de la nefasta "gestión" de MBA's, enseñada en las escuela de negocio, brazo armado de adoctrinamiento del mundo financiero. Su lema:

M aximizar
B eneficios
A toda costa

Es lo que han enseñado a sus alumnos a lo largo de 30 años, aunque ahora lo nieguen.

Mi colega Henry Mintzberg – según mi opinión, después de la muerte de Peter Drucker, el Gurú más importante del Management del mundo - piensa que el actual estado, tanto de la práctica del Management como de su enseñanza, debe de preocuparnos profundamente. Y que, además, ninguna de las dos partes puede cambiar, sin que cambie la otra.

Mintzberg afirma que las clases convencionales de los MBA sobre-enfatizan la importancia de la **ciencia** en el Management, mientras que ignoran su **arte** a la vez que desprecian su **oficio**; dejando así una visión distorsionada de su práctica. Existe una urgente necesidad de volver a un estilo de Management más comprometido, que permita conseguir organizaciones más fuertes y no meras burbujas de su valor en bolsa. Es también una clarísima llamada a un cambio radical en el enfoque del desarrollo de los Managers. Deben de aprender en el ejercicio de sus funciones y de su propia experiencia, no de casos ajenos y caducados. Y necesitamos volver a integrar el arte y el oficio, tanto en el desarrollo de los Managers como en su práctica diaria.

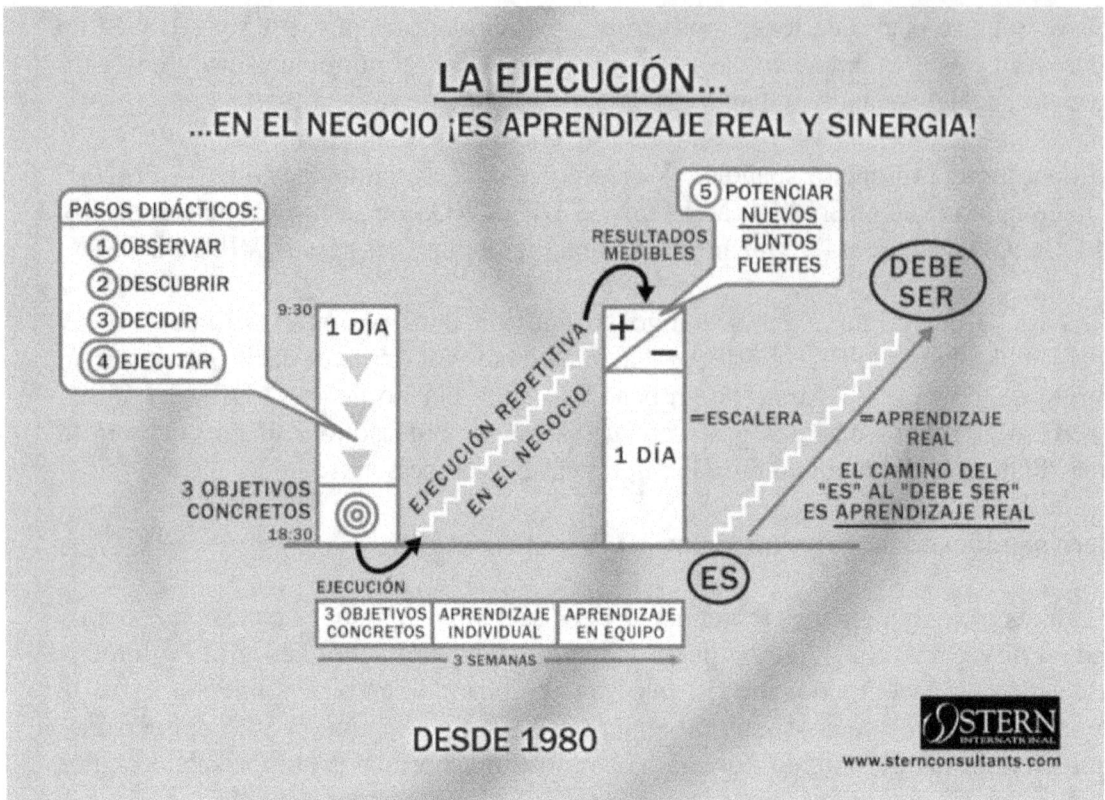

El Management no es ni una ciencia ni una profesión. Es una práctica que solo se aprende en su contexto concreto. Nadie puede dirigir "cualquier" empresa.

Mintzberg examina lo que no funciona en nuestro sistema actual. Es, en primer lugar, que los programas convencionales de los MBA están enfocados a gente joven con poca o ninguna experiencia. Las personas equivocadas. Y los programas que deben de desarrollarles, enfatizan el análisis y las técnicas. El camino equivocado. Y fabrican graduados con ideas equivocadas, creyendo haber sido preparados para actuar como Managers. Eso produce un efecto perverso, tanto en la práctica del Management, como en nuestras organizaciones y en nuestra sociedad global. Y eso son consecuencias equivocadas y nefastas.

Yo le añado: impartido por profesores universitarios que no tienen ni idea de la empresa real, ni han sido nunca directivos, ni empresarios con éxito. Una clara fórmula para el fracaso que ya vemos en el mundo empresarial: ¡recortar gastos y puestos de trabajo, en vez de trabajar con ilusión, visión, imaginación y, sobre todo, con RESPONSABILIDAD!

La falta de responsabilidad, ética y moral de muchos directivos 'MBA' de hoy no es más que la consecuencia de su total desconocimiento de lo que es la realidad y la verdadera razón de ser de una empresa. Aquel que ha realizado el típico programa americano 'Master of Business Administration' (MBA), da igual en que Universidad, llega en la peor de las condiciones posibles a un puesto de mando. El pensamiento crítico y la reflexión no tienen lugar en esas clases tan vulgarizadas en los últimos años, ya que eso no se plantea ni en sus teorías, ni en su 'vehículo' didáctico, el 'Estudio del Caso'; es decir el estudio de los mismos 'refritos' durante años en 'conserva' y utilizados sin innovación. El hambre de dinero de las Escuelas de Negocio ha sustituido hace mucho la búsqueda de sentido: el del verdadero sentido de la empresa, el del verdadero cometido de un Manager. Esas cuestiones se abandonaron hace mucho. A partir de ahí era suficiente hacer lo que estaba de moda.

Toda una generación perdida de Managers va a tener que reciclarse o apuntarse al paro.

En el núcleo de esas disfunciones creadas en los últimos años están dos paradigmas; dos nefastas 'enseñanzas': El primero, el 'Shareholder Value' (el valor para el accionista) y, el segundo, la cotización en Bolsa, los dos declarados como valores y objetivos máximos de la empresa. En un macabro triunfo global, estas dos perversiones mentales, han logrado penetrar las cabezas de muchos directivos, también las de los jóvenes. No por ser correctas. Sino por ser las únicas teorías del Management masivamente difundidas y disponibles en Inglés. Hay otras, mucho mejores, por ejemplo las de mi querido amigo Peter Drucker, recién fallecido, y que muchos directivos hoy desconocen.

Me atrevo a afirmar, que ninguna empresa bien dirigida puede ser gestionada con la doctrina del 'Shareholder Value' de forma sostenible. La doctrina del 'Shareholder Value' es el camino sistemático al fracaso. No importa en que país del mundo.

Únicamente permite que lleguen personas a la cúpula de la empresa que, con criterios racionales, no hubieran llegado nunca. Personas incompetentes que luego solamente son capaces de mantenerse en el puesto con maniobras cortoplacistas. El mundo de la automoción lo demuestra: DaimlerChrysler (Schrempp) y el Grupo Vokswagen (Piëch) en Alemania. O General Motors en USA. Al borde de la quiebra. Pero todos no hablan más que de la reducción de costes y de eliminación de puestos de trabajo; manteniendo y aumentado sus ingresos millonarios como 'gestores'. ¡Un escándalo!

Esa gente mide la vida con el único criterio de la 'pasta', no por que sean inmorales o amorales, sino porque se lo han enseñado así en sus lecciones de MBA. Esas eran las enseñanzas 'ultimativas' que recibieron allí. Claro que tienen moral. La moral del reduccionismo económico. Un pensamiento nunca compartido por los verdaderos pensadores liberales como Hayek, Mises o Röpke y todos los fundadores del verdadero liberalismo económico.

La actual situación mental y material del mundo económico es fruto de la enorme frivolidad y de la falta de cultura y lectura de muchos (¿qué podemos pedir, si muchos directivos juzgan como libro excelente aquel que se titula 'quién robó mi queso'?). Estamos ante una interpretación errónea del liberalismo. ¡El verdadero liberalismo no exige supeditarlo todo al mandato de la Economía! – Pero lo que el liberalismo sí pide es ¡QUE CADA CUAL ACTÚE RESPONSABLEMENTE Y CARGUE CON LAS CONSECUENCIAS! – Y, ¡eso debe de valer sobre todo para Managers!

No es correcto predicar que el mercado es un sistema maravilloso. El mercado es un sistema defectuoso. Eso coincide con la experiencia de muchas personas. Su vivencia diaria con el sistema de mercado es brutal, implacable, inhumana e injusta. Esa es la realidad para ellos. Por eso no es aconsejable que directivos se pasen alabando las maravillas del libre mercado, aunque sea lógico que lo defiendan, porque no existe ningún sistema mejor. Eso está comprobado.

IBM publicó a mediados de 2010 su "Global CEO Study 2009", indicando que las mejores empresas del mundo adolecen de las siguientes graves disfunciones:

1. Falta total de liderazgo creativo
2. Pérdida de cercanía y respeto al cliente,

como resultado de una encuesta global a 1'500 CEO's. ¡La gran mayoría de ellos no se consideraban aptos para resolverlo!

¡Lo que anunció IBM de manera rimbombante a mediados de 2010, lo habíamos publicado STERN INTERNATIONAL of Switzerland en 2001! – Como se nota que IBM ya no es ni la sombra de lo que era.

STERN INTERNATIONAL of Switzerland es experta en operar como SPARRING-PARTNER del CEO y su equipo, con el fin de desarrollar una CULTURA que no solo es fuerte, sino también FLEXIBLE y en la que los CAMBIOS – de los que los demás se quejan – son COHETE PROPULSOR PARA LA EMPRESA.

Toda una generación debe aprender a Linkedinear

Desde que tuve el primer training con Jorge Zuazola en Febrero ya he aprendido a Linkedinearme con sentido, como si esto fuese un CNI en business intelligence.

La primera medida ha sido fundar Swiss Leadership como puedes ver en mi perfil. Jorge Zuazola me manda el video de youtube de LinkedIN salesforce. Es justo lo que le dije en cuanto llevábamos 15 minutos de training. LinkedIn es la clave para la fuerza de ventas. Y el CEO paleto tiene que salir de su management by cortijo.

Ronald Charles Stern, Madrid 31 Enero 2014

BIOGRAFÍA

Arturo de las Heras García
CEO Madrid Open University, UDIMA
Madrid y alrededores, España | Gestión educativa

Actual: Madrid Open University, UDIMA, CEF.- Centro de Estudios Financieros, Cluster e-business (CLUSTER FOR THE DEVELOPMENT AND INNOVATION OF THE BUSINESS ON THE INTERNET)

Educación: IESE Business School - University of Navarra

500+ contactos

Inglés | es.linkedin.com/in/arturodelasheras/ | Información de contacto

Nacido en Madrid en 1973.

Estudió Derecho en el CEU-Luis Vives de 1991 a 1996.

Entre 1996 y 1999 se dedicó a formarse haciendo dos Másteres en el CEF.- Centro de Estudios Financieros, Tributación y Recursos Humanos fueron los postgrados realizados.
Abogado en ejercicio desde 1998, aunque su desempeño profesional se ha desarrollado siempre en diversos puestos de responsabilidad dentro del grupo de empresas familiar.

En 1997, durante un viaje de estudios a EEUU, descubrió Internet y su potencial. A su regreso impulsó el desarrollo de la web corporativa del CEF.- y las primeras campañas de publicidad online del grupo. Sigue desarrollando la estrategia de Internet contando el grupo con más de 20 webs que reciben más de 1.000.000 visitas mensuales.

De 1999 a 2001 asumió la Jefatura de Estudios Jurídico-Fiscal en el CEF.
En 2000 arrancó el proyecto de formación on line del grupo, que en aquel momento se llamó Cefmedia. En su primera promoción alcanzaron los 500 alumnos.
De 2001 a 2002 se trasladó a Barcelona para ser el adjunto del Director del CEF.- de Barcelona.
A su regreso de Barcelona en 2002 se convirtió en el Subdirector General del CEF.- supervisando las actividades formativas de los centros.
A partir de 2003 realiza los primeros viajes a Latinoamérica buscando abrir nuevos mercados.
En 2008 asume la Gerencia de la Universidad a Distancia de Madrid, UDIMA y la Dirección General del Grupo CEF.
En 2010 funda el Cluster eBusiness, Agrupación de Empresas Innovadoras dependiente del Ministerio de Industria, buscando convertirlo en un punto de encuentro entre las PYMES y la Universidad donde poder innovar e investigar en el progreso del Comercio Electrónico.
Con el número 854.599 está en el primer millón de usuarios de LinkedIn, Red Social que aprendió a utilizar de la mano de Jorge Zuazola y en la que se ha convertido en un referente nacional.
En la actualidad está embarcado en múltiples proyectos, tanto nacionales como internacionales, dirigidos al desarrollo de una red universitaria global en la que los estudiantes encuentren nuevas formas de estudiar y tener experiencias internacionales sin desplazarse de su casa.

2.2. Pool de expertos (Arturo de las Heras): Mi experiencia en LinkedIn

Érase una vez hace muchos, muchos años, como 10 para ser exactos, que recibí una extraña invitación para darme de alta en una ¿red social? de la que no había oído nunca hablar. De hecho por aquella época no se hablaba de redes sociales, a Facebook le faltaba un año para empezar y hasta 2007 no se puede hablar del fenómeno de masas en el que se convirtieron después las redes sociales.

Pues bien, la sensación que me dio entonces es que me encontraba ante una web de búsqueda de empleo tipo infojobs o algo parecido. No estaba buscando trabajo, pero aún así me di de alta, por si acaso... Este por si acaso me llevó muchos años después a entender el potencial de LinkedIn. Igual que yo miles de personas se dan de alta "por si acaso" y ponemos una cuenta de email que gestionamos personalmente. Este es el secreto de LinkedIn, que podemos acceder a cualquiera directamente, sin pasar por los filtros de las secretarias.

Durante los diez años siguientes lo usé como lo hace la mayoría de la gente, no entraba nunca, de vez en cuando recibía una solicitud de contacto por email, pulsaba en el enlace para ir a aceptarlo y como me sugería gente que podía conocer invitaba a su vez a gente que conocía o tenía una foto interesante... Así llegué a mis primeros dos mil contactos. Cada vez que entraba me decía, cuando tenga un rato tengo que ver cómo funciona... bueno, ahora no tengo tiempo, otro día...

Por otro lado, visto el éxito de Facebook, siempre pensé que sacarían un Facebook Business y que ganarían la partida profesional... Me equivoqué. A finales de 2010 y principios 2011 sentí que LinkedIn crecía. La frecuencia de las invitaciones iba en aumento. En principio pensé que era por el efecto de su salida a bolsa, que habrían hecho algo para animar a la gente a darse de alta. Pero no le di mayor importancia, porque no pasaba nada. Nadie me escribía mensajes... ni yo tampoco...

Así llegamos a las navidades de 2012. En aquellos días de dura crisis económica y bajada general de ventas en todas las divisiones de la empresa tuvimos nuestra tradicional reunión de directivos... El panorama era desolador, en Oposiciones no había convocatorias, menos alumnos, en formación in Company, nada que rascar, sólo los Másteres y Cursos se mantenían en unos números aceptables... vamos que estábamos abocados a aceptar una caída de negocio de más del 25%... Waterloo a la vista.

Aquella reunión me dejó pensando ¿cómo puedo ayudar a los comerciales? ¿Dónde buscar nuevos clientes? Teníamos las bases de datos de la empresa quemadas, las bases de datos de la Cámara de Comercio no funcionaban porque no tienen los contactos actualizados... un desastre...

En esto estaba cuando se me ocurrió entrar en LinkedIn, recordaba que entre los contactos que tenía había varios directores generales, gente de recursos humanos y así, pero no lo sabía utilizar. Quería intentar reunirme con ellos pero no sabía cómo hacerlo.

Y en esto estaba cuando de repente apareció Jorge Zuazola pidiéndome conectar. Como otras tantas veces, le acepté y después invité a unas cuantas personas que me sugirió LinkedIn, pero ocurrió algo diferente. Jorge me escribió un mensaje. Me hablaba del gran potencial de LinkedIn y de las oportunidades que estaba perdiendo por no saberlo utilizar. Tenía razón, así que le contesté que me gustaría hacer el curso. Recuerdo que aprovechamos el puente de mayo para hacerlo. Gracias a él aprendí a usar LinkedIn. Entendí que no va de contactar si no de COMUNICAR.

Quedé entusiasmado con las posibilidades, tanto que le quise contratar para que viniera a Madrid a formar a nuestro equipo comercial, profesores, alumnos etc. Su respuesta fue "de eso nada macho, tú ya sabes, hazlo tú". Jorge no es consciente, o quizá sí, de lo que me ayudó su negativa. El tenerme que preparar las ponencias me hizo profundizar en el uso de la herramienta, en las charlas no puedes decir "no sé", "no he entrado nunca ahí" o "esa opción no la he probado".

A partir de esa sesión con Jorge, mi actividad en LinkedIn ha sido intensa. Por un lado lo empecé a usar para ayudar a mi equipo comercial. Les dije que se había acabado el "despachar" y durante semanas no usé mi despacho, pasaba el día en la calle vendiendo con ellos. En esta etapa contacté y conocí a presidentes y directores generales que me abrían las puertas de sus empresas para ir a presentarles los servicios educativos que ofrecemos.

Actualizamos la base de datos con contactos muy buenos y surgieron algunas oportunidades de negocio en un entorno nada optimista. No voy a exagerar diciendo que hiciéramos grandes operaciones, pero ayudó a suavizar la caída y no vernos en la tesitura de despedir trabajadores. En esos tiempos todo un éxito. Además me sirvió para contactar con personas de otros países muy fácilmente.

Al cabo del año paso casi tres meses fuera de España y gracias a LinkedIn pude localizar con facilidad a Rectores de universidades extranjeras con los que firmar convenios de colaboración, también localicé a responsables de recursos humanos de los países en los que tenemos alumnos extranjeros, de esta forma conocieron de nuestra existencia y les allané un poco el camino a estos estudiantes en su búsqueda de empleo en su vuelta a casa.

También me abrió la mente hacia nuevas formas de explotar LinkedIn a través de la creación y liderazgo de un buen puñado de Grupos. En estos grupos se juntan nuestros clientes potenciales de forma segmentada y serán la base de otros proyectos que desarrollaremos en el futuro. Aún están en fase embrionaria, pero ya contamos con varios miles de personas apuntados en ellos. Cuando adquiramos un poco más de experiencia lo contaremos en un "Caso de Estudio".

Finalmente me ha ayudado a construir una marca personal alrededor del conocimiento de LinkedIn y ayudar a miles de personas con mis charlas, entrevistas, videos y artículos. Gracias a Salvador Valdés, presentador del programa de TVE "La aventura del saber", la persona que me acompaña en la portada de este libro, hemos desarrollado un curso gratuito llamado #ConstruyeTuMarca que tiene miles de seguidores y está sirviendo para que emprendedores de todo tipo pongan en marcha sus proyectos.

Os resumo lo aprendido a partir de aquel curso que hice con Jorge Zuazola:

1. LinkedIn no va de contactar, va de comunicar. Tener muchos contactos no sirve para nada si no estableces una relación con ellos.
2. Crea un email exclusivo para LinkedIn, eso te permite separarlo de otras actividades y crear "tu momento LinkedIn del día".
3. El tamaño importa. Cuantos más contactos mejor. En la profundidad de tu red es donde están las oportunidades.
4. Sé generoso, ayuda a los que no saben, colabora. Quien da recibe.

Arturo de las Heras, Madrid (España), 21 de enero de 2014.

BIOGRAFÍA

Carlos Puig Sagi-Vela [+4.800]
Sought-after CEO-Entrepreneur-Multisectoral manager.
Expert on making things happen and do it with passion.
Madrid y alrededores, España | Servicios y tecnologías de la información

Actual: Vector Software Factory, Universidad Pontificia Comillas - ICADE Business School, The Valley - Master in Digital Business
Anterior: App2iU!, Gigas, Grupo Alta Eficacia
Educación: Universidad Politécnica de Madrid

Editar perfil   más de 500 contactos

Inglés | es.linkedin.com/in/carlospuigfinancefreedom   Información de contacto

Español de 49 años, **Ingeniero Industrial Superior** por la ETSII de la Universidad Politécnica de Madrid, y Diplomado en Ciencias Económicas por la UNED.

Fundador de **Nexus People** (empresa consultora de formación y selección), **Nexus4Trader** (dedicada al desarrollo de sistemas automáticos de trading) y **Deca Edge** (consultoría de desarrollo comercial y tecnológico).

Profesor del MBA y del Master de Recursos Humanos de ICADE (Universidad Pontificia de Comillas) desde 1991 hasta la actualidad. **Profesor del Master en Digital Business** en The Valley. **Profesor de sistemas de trading en el CEF.**

Comencé mi carrera como consultor en **Andersen Consulting.** Fui responsable de organización, RR.HH. y sistemas en **Ferrovial, Adeslas, Santillana y Meta4,** y *D*irector de consultoría de la empresa **EDB4tel**, filial de la telefónica noruega **Telenor**.

En **Indra** fui **Director del Grupo de Empresas de Telefónica.** Fui responsable de la coordinación del equipo de oferta de los bloques de desarrollo y mantenimiento de aplicaciones de Telefónica, en España y Latam, con una contratación total de 180 M€.

Participé como socio y directivo del portal de automoción **www.motorflash.com**, triplicando el tráfico en internet y consiguiendo la contratación de nuevos clientes.

También fui miembro de la **red agencial de Bankinter** durante 4 años y **Vicepresidente de Intelectia Capital**, empresa española de hedge funds basados en trading algorítmico.

Actualmente soy **Director de los sectores de Telecomunicaciones y Media** de **Vector**, empresa de tecnología filial del **Banco Santander**.

He vivido y trabajado en **Madrid, Barcelona, Sevilla, Vigo, Cádiz, Gerona, Chicago y Buenos Aires.**

Fundador del grupo de LinkedIn Management Consulting Leadership.

Soy autor de los **blogs** www.bookideasblog.com y www.forexdinero.com y co-autor del libro **LinkedIn 200 millones: EL CEO se ha quedado obsoleto**.

Mis pasiones son conseguir ayudar a las personas a conseguir la **libertad financiera,** el **Béjart Ballet Lausanne**, el **Real Madrid, Bruce Springsteen** y la **lectura**.

2.3. Pool de expertos (Carlos Puig Sagi-Vela): Aprovecha tu "mina de oro"

¿A quién no le gustaría que le regalasen una mina de oro?

¿Y si te dijera que ya la tienes, a golpe de clic, en tu cuenta de LinkedIn?

En términos de inteligencia de negocio y búsqueda de empresas, socios, clientes, proveedores, reclutadores de empleo, head-hunters, etc. la cuasi-desconocida funcionalidad de **búsqueda avanzada de LinkedIn** es una auténtica **"mina de oro"**.

Imaginemos que has seleccionado las compañías que te interesan para trabajar, o colaborar con ellas, o establecer algún tipo de acuerdo o alianza, o simplemente presentarles algún tipo de producto o servicio.

Se sugieren los siguientes **pasos** para aprovechar de forma estratégica la búsqueda avanzada de LinkedIn para investigar a fondo dichas compañías y las personas clave que sería interesante contactar:

1. Ve a la pestaña "Avanzado" y pon el nombre de la compañía en el campo "Empresa". Ten en cuenta que puedes investigar todas las personas que alguna vez han trabajado en la empresa ("actuales o pasadas"), sólo a los que trabajan en la actualidad ("actual") o sólo a aquellas personas que ya no trabajan allí ("pasado no corrientes").

2. Si deseas limitar los resultados, elige el código postal, y establece el radio de acción en kilómetros deseado para la búsqueda.

3. Puedes buscar las personas que trabajan en el departamento de selección, o las que tienen el puesto de "Técnico de selección", o bien puedes probar con la palabra clave "Recursos humanos", "RR.HH.", ó "Reclutamiento".

4. Tal vez prefieras buscar directamente a los máximos responsables de selección y reclutamiento. En este caso, puedes utilizar el campo "Cargo". Intenta la búsqueda por primera vez con el término "Director". También puedes introducir el término "Director de Recursos Humanos", "Director RR.HH.", "Director de Selección", "Responsable de Selección", etc. Esto no es una ciencia exacta, así que asegúrate de hacer numerosas búsquedas utilizando diversas palabras clave y títulos como sea necesario para descubrir el número máximo de posibles empleadores.

5. Una vez que hayas identificado algunas personas en la empresa objetivo, investiga detalladamente sus perfiles, las empresas de las que vinieron originalmente, qué áreas tienes en común con ellos, su formación (colegios, universidades), y todo aquello que te facilite un nexo de unión con estas personas.

6. Investiga los grupos de LinkedIn a los que pertenecen. Si te puedes unir a ellos, házlo. Contacta con las personas a través de sus grupos comunes.

7. A través de InMail contacta con alguien que creas que podría proporcionarte información sobre la compañía. Puedes indicar que estás investigando porque estás interesado en explorar oportunidades y pedir sugerencias o recomendaciones.

8. También puedes ejecutar una búsqueda de compañeros. Mira si puedes identificar a alguien en la empresa con habilidades similares a tu perfil mediante la búsqueda de términos adecuados en el campo "Palabras Clave". También puedes buscar en el campo "Cargo". Díles que quieres aprender más acerca de la empresa, y pregunta si a ellos no les importaría comunicarse contigo directamente.

9. Si estableces una buena relación con alguien de la empresa objetivo, es posible que estén dispuestos a presentarte a alguien de Recursos Humanos o a un Director de área. Muchos empleados saben de antemano qué perfiles están vacantes o se precisan antes de que se publiquen oficialmente. Pregúntales sin miedo.

10. Otra forma de obtener información sobre las últimas contrataciones y los empleados actuales en una determinada empresa es entrar en la página de la empresa dentro de LinkedIn. Puedes encontrar las personas con las que estás conectado (de primer, segundo o tercer grado) que trabajan en la empresa en la actualidad o en el pasado, y también se pueden encontrar las personas que estudiaron en tu colegio o universidad que trabajan en esa empresa.

11. Repite este proceso con todas las empresas que deseas seguir para recopilar información sobre cada empresa y sobre sus personas clave. Este proceso es válido también para localizar clientes, socios, proveedores, variando los términos de búsqueda en cada caso.

Veamos un **ejemplo práctico adaptado a la búsqueda de clientes**. Supongamos que somos el responsable comercial de una empresa de integración de sistemas y deseamos buscar potenciales clientes en Valencia.

Seleccionamos el **código postal 46001 (Valencia),** y un radio de acción de **55 kilómetros a la redonda,** y obtenemos **198.905 resultados totales de contactos en LinkedIn.**

Ahora restringimos la búsqueda por diferentes criterios de palabras clave, y vemos los resultados.

- Palabra clave "Director de Sistemas" -> 1.877 resultados.
- Palabra clave "CIO" -> 78 resultados.

- Cargo actual "Director de Sistemas" -> 46 resultados.
- Cargo actual "CIO" -> 39 resultados.
- Palabra clave "Director TI" -> 12 resultados.

Ahora habría que escoger los potenciales clientes más interesantes e investigarlos a fondo.

No existe una herramienta tan potente como LinkedIn para en dos-tres clics localizar potenciales clientes o contactos de una forma tan segmentada y con tanta información.

Ahora te toca a ti probar y experimentar. Aprovecha la búsqueda avanzada para investigar tu mercado, preparar reuniones comerciales, buscar un mejor trabajo. Utiliza tu "mina de oro". **Usa LinkedIn. Experimenta. Hazlo ya. Hazlo ahora.**

Carlos Puig Sagi-Vela, Madrid (España), 31 de enero de 2014.

BIOGRAFÍA

Directivo internacional experto en las áreas de Dirección de Operaciones, Dirección estratégica de proyectos y Comportamiento Organizacional, compaginando la Dirección de Compras Estratégicas para toda Europa, medio oriente y África en Honeywell Security (ADI), con la investigación y docencia en el IE Business School, como Director Programa Superior Dirección Estratégica Proyectos y Profesor asociado del dpto de operaciones, impartiendo sesiones en varios Master, y formación incompanies tanto nacionales como internacionales.

Executive MBA del IE, Doctorando (DEA) por la Escuela Superior de Ingenieros Industriales de Madrid, Ingeniero Superior Agrónomo por la Universidad Politécnica de Madrid, Ingeniero Técnico en Mecanización y Construcción y CPIM (Certificate in Production and Inventory Management) por APICS (American Production and Inventory Control Society).

Actualmente también trabajo como Intermin Manager para varias empresas y también soy el delegado centro de la Asociación Interim Management España.

Anteriormente trabajé en consultoría de negocio en PricewaterhouseCoopers como experto en procesos de la supply chain e IT, en numerosos proyectos internacionales para diversas empresas del sector Petróleo, Retail e industrial.

Co-autor del libro LinkedIn 200 millones: EL CEO se ha quedado obsoleto.

Creador del segundo mayor grupo de LinkedIn de dirección de proyectos en lengua castellana en el mundo "Dirección Estratégica de Proyectos IE Business School" y una red personal en LinkedIn con mas de +10.000 contactos directos.

He sido galardonado con el Premio al Mejor Profesor Programas Abiertos IE Business School-Executive Education 2009-2010 y premio especial al compromiso executive education 2012, así como 17 galardones a la excelencia académica 2009/2013

2.4. Pool de expertos (José Luis Portela): El directivo y LinkedIn

¿Qué es un directivo?

"Un directivo es alguien que transforma información en acción"

Es una frase, que utilizo en mis clases en el IE Business School para introducir el concepto de alta dirección. Esta frase contiene dos claves que todo alto directivo tiene que tener en cuenta; *información y acción*. Comencemos con el término *información*.

Estamos en un mundo muy cambiante, que además se ha globalizado y está más interconectado que nunca. Es fundamental que los directivos de hoy en día entiendan el mundo en el que viven para que puedan definir una estrategia acorde para poder seguir siendo competitivos. Por tanto la pregunta que se tiene que hacer un directivo es, ¿Dónde me informo?

Si la respuesta es en los telediarios y en *la prensa de papel vegetal*, entonces está claro, conocerá lo mismo que conoce la mayoría de las personas. No voy a entrar en la polémica fácil que los medios de comunicación están manipulados, pero es obvio que al igual que cualquier empresa, los medios de comunicación tienen unos objetivos como empresa que pasa por generar dinero, y para ello necesitan vender muchos periódicos. Está ya muy demostrado que las noticias malas venden más que las buenas. Por lo tanto todo lo que leemos en la prensa tiene un sesgo claro hacia este tipo de noticias o asuntos. La televisión le ocurre exactamente igual.

Una de las consecuencias es que nuestra visión del mundo aparece sesgada. La demanda de noticias interesantes y sensacionalistas significa que nuestra imagen del mundo se vuelve distorsionada, negativa y claramente influenciada por los intereses particulares de los medios de comunicación que leamos.

La cantidad de noticias negativas que recibimos, no hay que apuntárselas a las malvadas intenciones de ningún periodista, sino al hecho de que los medios de comunicación se encuentran inmersos en una estructura de incentivos cuyos beneficios se centran sobre todo en los sucesos negativos.

Con las redes sociales esto ha cambiado un poco. Un análisis sobre el comportamiento de los lectores de The New York Times reflejó que se compartían artículos que eran emocionantes o divertidos. Los malos, se borraban automáticamente. Cuanto más positivo era un artículo, más probable era que fuera compartido, explica el Dr. Berger en su nuevo libro: "Contagioso: Por qué las cosas son pegadizas"("Contagious: Why Things Catch On", en idioma inglés).

Pero lo que realmente ha cambiado desde la aparición de internet, y sobre todo de las redes sociales como twitter o LinkedIn, o los propios blogs, es que ahora la información ya no está dirigida por unos pocos, sino que cualquiera puede opinar o difundir una noticia e inmediatamente puede ser difundida llegando a muchas personas. La velocidad y el número de personas que es "infectada" por esta noticia, depende de muchos factores. (recomiendo la lectura del libro "el punto clave de Malcom Gladwell para entender dicho fenómeno).

En resumen, utilizando de forma adecuada las redes sociales, como LinkedIn, twitter o los blog, podemos estar mucho mejor informados, en menos tiempo y sobre todo de una forma mucho más independiente si sabemos escoger adecuadamente las fuentes de información.

¿Qué tipos de información nos proporcionan internet?

Todo el mundo conoce que en internet se pueden encontrar noticias y también información sobre productos o sobre algo en concreto que se desea conocer, pero algo que a mucha gente se le escapa es que internet tiene muchísima información sobre las empresas y sobre las personas.

Comencemos por las empresas. Antes solo teníamos información sobre ellas a través de su publicidad pero hoy en día es la red la que habla de ellas de forma anónima, bien a través de sus clientes o bien a través de personas que opinan sobre su experiencia de compra.

Se sabe que los clientes más fieles a una empresa o producto no son aquellos que están contentos con la compra y que no han tenido ningún incidente, sino aquellos que habiendo tenido un incidente se les ha solucionado de forma satisfactoria. Pues bien señores directivos, la red te proporciona en tiempo real información real sobre tus clientes que están descontentos o que están teniendo un problema. Se decía antes que un cliente satisfecho se lo contaría a unas 5 personas y que un cliente insatisfecho a unas 20, pues esto ahora ha cambiado. Ahora un cliente insatisfecho se lo puede contar a miles de personas. El caso muy hablado de Risto Mejide y Canal plus con el hastag #unHDMIy2Euroconectores. El 25 de septiembre de 2013, Risto Mejide publica desde su cuenta Twitter una decisión personal aparentemente banal: se da de baja de los servicios de Canal+, y cuenta que le reclaman un cable HDMI y 2 euroconectores o tendrá que pagar 35 Euros. Dos horas después de escribir la primera queja, ya se habían generado más de 2350 menciones y potencialmente fue leído por sus más de 1 millón y medio de seguidores y fue Trend topic de esa mañana.

Las crisis de reputación ya no se miden en días, o en horas, ahora se miden en minutos.
La respuesta personalizada y con rectificación de Canal+ llegó en menos de 3 horas desde la emergencia de la primera queja. Si lo analizamos en un contexto anterior a la era de las redes sociales se podría considerar una buena práctica en términos de atención al cliente el responder en menos de 3 horas. Si lo analizamos hoy en día, esas casi 3 horas fueron una eternidad en términos de gestión de crisis. Es cierto que Risto es un personaje público y ayudó a la difusión rápida, pero se han visto otros numerosos casos de gente totalmente anónima que tuvieron la misma difusión.

Pero claro el cómo manejar las redes sociales sigue sin ser muy bien entendido por los altos directivos que muchos de ellos se siguen en empeñar en contratar a un community manager por unos pocos euros pensando que es *el informático friki que se dedica a estar conectado a la red*. Esta tendencia está cambiando y hoy por hoy cada vez más nos encontramos que las empresas son muy conscientes de la importancia de este puesto y está poniendo al frente a gente muy preparada.

Y respecto a las personas. ¿Se ha parado usted a pensar que más del 50% de su éxito profesional depende de su relación con las personas?.

Para saber tratar con las personas lo primero que hay que hacer es conocer como es cada uno. Las redes sociales hoy en día, dan más información sobre una persona que toda la que se puede recopilar de una entrevista o una comida de trabajo.

Hemos pasado de hacer cv escribiendo lo que nosotros decimos de nosotros mismos, a publicar perfiles en LinkedIn, donde no solo escribo lo que he hecho, sino que los demás opinan sobre mi y donde es cada vez más difícil engañar con lo que se escribe, ya que es público. Yo personalmente cada vez que voy a visitar a alguien o alguien me viene a ver, lo primero que hago es entrar a su perfil para conocer un poco más sobre esa persona.

¿Qué significa estar en LinkedIn?

Sobre como estar, se ha escrito mucho, así que aquí resaltaré, lo que creo es más relevante tanto por la importancia que considero que tiene, como por lo poco que se ha escrito sobre ello.

Comenzaré con algo un poco polémico; la foto. El tener un perfil hoy en día sin foto es sencillamente impresentable y da muy mala imagen. Me da igual que alguien te haya dicho que no hace falta ponerla, que lo que importa es el interior de las personas y todas estas cosas que se dicen. Piénsalo un poco, una foto en principio da confianza, y ayuda a recordar a la persona.

¿Qué tipo de foto poner? Este tema daría para un libro entero, pero trataré de simplificarlo al máximo.

"Lo importante esta en el interior de las cosas, pero el exterior se ve antes"

A nadie se le escapa lo importante del packaging y como empresas tan importantes como Appel han hecho de ello una parte importante de su venta, porque conocen lo importante del exterior, yendo más allá del propio producto.

Cuando analizamos a un individuo por primera vez, esto tiene todavía más importancia. La parte del cerebro que se lanza a extraer las primeras conclusiones se llama *inconsciente adaptativo* (inteligencia intuitiva de Malcolm Gladwell), y es el que toma las primeras decisiones acerca de esa persona y por tanto las más importantes. Lo que hace el inconsciente es clasificar a esa persona.

Para que usted entienda la importancia de esto, piense en un oficio o profesión cualquiera. A continuación mire en la red fotografías de personas relacionadas con ese oficio y sin saber nada sobre esas personas usted sería capaz de clasificarles de mejor a peor profesional en su oficio o profesión, solo viendo sus fotografías. Si mas tarde comprobara con datos reales sobre esas personas se sorprendería el gran porcentaje de aciertos que ha tenido viendo solo la foto. Digámoslo de otra forma, es como si para ser un buen boxeador es importante tener "cara" de boxeador. Otra prueba interesante consiste en ver la plantilla de una empresa pequeña o de un restaurante al completo y verá lo fácil que le resulta identificar al dueño. ¿Por qué es esto?. Es fácil, el cerebro el inconsciente adaptativo califica bastante bien a las personas por su aspecto exterior, y créeme que acierta bastante

Ahora piense en su oficio o profesión. Piense en la imagen que proyecta la foto que usted tiene en LinkedIn y reflexione sobre la imagen que está proyectando.

Mi segundo consejo es a como interactuar con los demás usuarios de la red. Aunque lo que voy a escribir sobre LinkedIn podría ser utilizado a otras redes sociales como twitter, facebook, etc. La regla es sencilla y tan antigua como lo es las relaciones sociales; No seas pesado. Enviar mensajes a toda tu red continuamente es inaceptable y hará que inmediatamente muchos te borren de su red. El spam es aún peor. Si tu estrategia parte por agregar a mucha gente para luego mandarles mails masivos para venderles algo sabiendo que muchos te borrarán y justificar tu actitud pensando que algunos compran, es que conoces muy poco como funciona la forma de vender en las redes sociales. Si quieres vender un producto, genera contenido, comenta y habla de cosas interesantes en los grupos de LinkedIn relacionados con el tema y con el tiempo tus contactos te posicionaran con un experto en algo y si lo que vendes tiene relación con ese algo, ellos mismos te requerirán tu producto.

Y por último, recuerda la famosa ley ley de Godwin, o regla de analogías nazis de Godwin, es en realidad un enunciado (y no una ley) de interacción social propuesto por Mike Godwin en 1990. El enunciado establece que:

"A medida que una discusión online se alarga, la probabilidad de que aparezca una comparación en la que se mencione a Hitler o a los nazis, tiende a uno"

¿Cuáles es mi último consejo?. Jamás entres en una discusión en ninguna red social, siempre te perjudicará, y no conseguirás nada. Todos hemos cometido el error de hacerlo alguna vez y si lo piensas un poco seguro estoy que no conseguiste nada, tan solo crearte algún enemigo que nunca es bueno y crear una mala imagen sobre tu persona.

Y para cerrar la definición de que es un directivo, me queda por analizar la palabra *acción*. Los directivos tienen que tener muy en cuenta que no se les paga por decir, ni tan si quiera por hacer, sino por impactar en la cuenta de resultados, es decir por generar cash flow para la compañía. Es por este motivo que en todas las acciones que un directivo realice, siempre tiene que tener en cuenta si la misma impacta en la cuenta de resultados. Sé que muchos que estáis leyendo este párrafo, diréis que vosotros lo hacéis. Simplemente os pido que vayáis a los últimos proyectos que tenéis encima de la mesa y que miréis el apartado en el cual se mide dicho impacto y os sorprenderá, que la mayoría de las ideas no tienen este capítulo.

José Luis Portela, Madrid (España), 22 de enero 2014.

CAPÍTULO 3

Por Gabriel Asensi Viana
http://es.LinkedIn.com/in/asensicrecimientoempresa

BIOGRAFÍA

Gabriel Asensi Viana
Sought-after business growth expert. Management. Leadership.2.0. Can you see it?

Madrid y alrededores, España | Consultoría de estrategia y operaciones

Actual	Madrid Business Leadership, Aspar Consulting, S.L., Spanish Leadership
Anterior	Veracetics, S.L., --, Recursos en Punto de Venta, S.L.
Educación	CEREM

Mejora tu perfil   Editar   ▼   **más de 500** contactos

Inglés ▼ | es.linkedin.com/in/asensicrecimientoempresa/   Información de contacto

Gabriel es un experto en productos de Gran Consumo, le avala una experiencia de más de 20 años en el sector de la distribución donde ha tenido la oportunidad de colaborar con las multinacionales del sector más prestigiosas del mundo como Heineken, Coca Cola, Pepsi o Red Bull entre otras.

Tras su dilatada experiencia en la introducción de productos en el mercado, decide ponerse en el lado del consumidor y trabaja en empresas de marketing donde aprende a escuchar al consumidor final y adquiere la experiencia de qué necesita el consumidor, y como acercar el producto a éste para que lo consuma.

Master en Administración y Dirección de Empresas por la Escuela Internacional de Negocios CEREM y varios cursos de Gestión Empresarial de la Universidad Europea CEES de Madrid. En el año 2009 se incorpora en la empresa Veracetics, spin off de la Universidad de Alcalá. Empresa de base tecnológica, dedicada a la investigación de nuevos extractos vegetales y su aplicación en productos de consumo diario, donde ejerce la función de desarrollo y expansión de la compañía, cosechando un gran éxito, haciendo de esta empresa un referente europeo.

En 2012 funda Aspar Consulting, desde donde, con sus socios, tratan de aplicar todo lo aprendido en sus carreras profesionales y ayudar a pequeñas y medianas empresas a convertirse en referente de sus respectivos sectores. Desde Aspar Consulting, sigue vinculado a la Universidad de Alcalá y a Veracetics con la que colabora habitualmente.

En Octubre de 2012 funda Madrid Business Leadership, desde donde se pretende impulsar la nueva revolución económica y financiera que ayude a las empresas a salir de la crisis.

Sus grandes pasiones son su mujer y sus hijos, disfruta y vive en primera persona la pasión de la Fórmula 1 y el sufrimiento innato del Atlético de Madrid.

3. Anticipación es la clave de un gestor moderno

3.1. Anticipación

La Real Academia de la Lengua Española, define, Anticipar, entre otras, cómo "Hacer que algo suceda antes del tiempo señalado o esperable, o antes que otra cosa." La verdad es que esta definición, me gustó más que la que le damos de una manera lógica, que sería "Adelantarse a algo que va a suceder". Me gusta más porque define mejor la actitud que ha de tener un CEO ante su organización. Si tomamos esta definición, la actitud del CEO no es adelantarse a algo que va a ocurrir, sino actuar para que suceda algo antes del tiempo señalado o esperable.

La anticipación forma parte de nuestro día a día, pero no nos damos cuenta, no le damos la mayor importancia.

Me acuerdo cuando me saqué el carnet de conducir que mi profesor me decía que lo más importante en la conducción era la anticipación. Anticiparse a lo que podían hacer los otros conductores, a una situación imprevista, a la climatología.... Y poco a poco fui descubriendo que una de las claves del éxito era esa. La anticipación.

En el deporte está muy presente la anticipación. Crear estrategias de juego. Las famosas "jugadas ensayadas" en el futbol. Anticiparse al movimiento que puede hacer un jugador puede ser la diferencia entre una derrota o la victoria.

En nuestro día a día, siempre vamos anticipándonos a las cosas. Vamos a hacer la compra antes de que se nos acabe lo que tenemos en casa. Miramos antes de cruzar por si viene un coche, Nos vacunamos para no coger enfermedades.... Pero en los negocios.... ¿Realmente somos conscientes de esto? ¿Nos anticipamos a los acontecimientos o nos dejamos arrastrar por las situaciones?

Este es el gran problema. Como siempre, estamos inmersos en el día a día, vamos apagando fuegos pero no buscamos el foco del incendio, confundimos lo urgente con lo imprescindible. Si retomamos la definición de "Anticiparse", vemos que tenemos el poder de hacer que algo suceda, y si tenemos ese poder.... ¿Por qué no lo hacemos?

Hoy en día tenemos grandes herramientas que nos permiten poder analizar y suponer cómo van a evolucionar las situaciones, los mercados, los sectores, la economía. ¿Por qué no las aprovechamos? ¿Por qué no hacemos que suceda lo que nosotros queremos que suceda?

Simplemente por comodidad. Porque solamente miramos al hoy y al mañana pero no miramos a dentro de un año. Vemos lo que hay en nuestro entorno pero no queremos ver lo que está sucediendo al otro lado del mundo.

La palabra "globalización" nos sigue sonando raro y no queremos estar globalizados.
Vamos, que esperamos a que algo ocurra y, o nos lamentamos, o tratamos de darle solución, pero nunca tratamos de evitar que sucediese.

Vivimos con vendas en los ojos y no queremos ver lo que no hay. Ante las situaciones o nos subimos al carro que se sube todo el mundo o cuando tenemos un problema le damos solución, pero nunca nos anticipamos a lo que va a suceder. Nunca hacemos que suceda lo que queremos.

3.2. Nosotros tenemos el poder.

Si utilizásemos el método de la anticipación generaríamos la situación y el entorno ideal para nuestro desarrollo.

Tenemos el poder de hacerlo. La capacidad de hacerlo, pero… no lo hacemos. Por lo general somos conformistas, el discurso habitual de todo el mundo estos años atrás ha sido el de "todo es culpa de la crisis", pero ¿Qué hicieron antes para "anticiparse" y o bien evitarla o bien estar preparados para que les afectase lo menos posible? La mayoría nada. Simplemente fueron subiéndose al carro de la crisis, "toreándola" cómo pudieron y tratando de buscar soluciones cuando ya la tenían encima.

Si se hubiesen anticipado a ese tiempo, hubiesen generado una situación más propicia para su organización, hubiesen estado preparados para su afección y la hubiesen minimizado tanto a nivel personal como empresarial.

Diversos autores llevan años anunciándolo, como por ejemplo Robert Kiyosaki entre otros muchos.

Todos somos conscientes de que el mundo es cambiante. Los mercados son cambiantes, incluso las personas vamos cambiando, lo llamamos evolución. Pero la evolución no deja de ser una forma de anticipación. Un cambio motivado por una necesidad. Pero la pregunta es… ¿qué fue primero, la necesidad o el cambio?

3.3 La Triple A

Mucho se está hablando en los últimos años sobre la anticipación. Empresarios muy reconocidos, como D. César Alierta, Presidente de Telefónica, que en Noviembre de 2012, durante la clausura del Foro Empresa abogó por "la anticipación cómo clave del éxito", para matizar que las empresas tienen que tener una visión global pero una cultura local.

Yo personalmente, apuesto más por el "mapa mental" que vertebra "El Manual del Estratega" de Rafael Martínez Alonso, libro que recomiendo.

En sus líneas se apuesta por la triple A: Anticipación, Adaptación y Acción. Creo que estos tres puntos están muy presentes en nuestro Spanish Leadership.

La agilidad para adaptarse a los cambios, para generar esos cambios que nos beneficiarán en nuestra gestión y el absoluto rechazo a la inmovilidad e inacción, junto con la anticipación, son los factores que no solamente nos llevarán al éxito, sino que no harán permanecer en él durante mucho tiempo.

Permitirme que os traiga a estas líneas un esquema que el autor presenta para que podamos entender mejor esta teoría de la Triple A

ANTICIPACIÓN
¿qué va a pasar? ¿cómo aprovecharlo o prevenirlo? ¿qué podemos esperar de las tendencias del entorno? ¿qué respuestas preparan nuestros competidores? ¿cuáles son las principales incertidumbres? ¿qué escenarios futuros son razonables a largo plazo? ¿cómo gestionar los riesgos?

ADAPTACIÓN
¿cómo debería ser nuestro negocio? ¿qué defensas y ventajas tengo? ¿qué hacer para aumentarlas? ¿quién hace qué? ¿cuál es la realidad sobre nuestro desempeño y capacidades? ¿qué reglas definen cómo trabajamos? ¿cuál es nuestro plan para transformarnos? ¿sufriría alguien si dejamos de existir?

ACCIÓN
¿qué podemos hacer? ¿cómo queremos que sea el mundo? ¿cuándo colaborar y cuándo competir? ¿hasta dónde llega nuestra influencia? ¿cuáles son nuestros puntos de control en el entorno? ¿qué posibilidades creativas nos ofrece la tecnología?

En todas estas fases, yo veo que hay algunas cosas que no debemos de olvidar:

El entorno. Como ya hemos comentado vivimos en una sociedad globalizada y como bien decía el Sr. Alierta en su discurso, a pesar de la globalización y su influencia en nuestro entorno cercano, nunca debemos olvidar la esencia de este entorno, al fin y al cabo, y a pesar de esta globalización, se siguen manteniendo las diferentes culturas y costumbres y eso nos obligará a adaptarnos a cada mercado local.

La formación. Como ya comenté en mi capítulo en el libro "LinkedIn 200 millones: El CEO se ha quedado obsoleto", por desgracia la mayoría de los CEO's piensan que ya lo saben todo, su "gran y dilatada" carrera profesional les ha dado toda la experiencia suficiente y ya no necesitan aprender más. Error. Hemos de aprender algo todos los días. Si no es así.... Algo estamos haciendo mal. Debemos, no solo aprender de lo que nos rodea, de nuestros equipos, de nuestras relaciones, si no hemos de seguir buscando formación de alto nivel en temas que veamos que pueden ser interesantes y necesarios para nosotros, anticipándonos a la necesidad.

Equipo Humano. Muy importante. Rodearnos de los mejores en cada momento, el mejor equipo no tiene por qué ser el que reúne más y mejores títulos, sino el que más sabe en su campo y mejor se adapta a las necesidades que tenemos en cada momento.
Muy importante. Un buen líder conoce todo lo relacionado con su equipo. No solamente a nivel profesional, se tiene que formar una relación estrecha y formar parte de su mundo, su relación ha de ser constante y continua y formar un "todo". El líder cuida de su equipo.

La Excelencia. Nunca podemos olvidarnos qué será lo que se recuerde de nosotros. Si hacemos un trabajo de alta calidad y un nivel muy alto de excelencia dejaremos un buen recuerdo, dejaremos huella.

Las relaciones. Muchas veces solamente nos preocupamos por las relaciones con nuestros clientes. Por supuesto que son lo más importantes, pero también son muy importantes las relaciones que tengamos con nuestros proveedores, en definitiva, los necesitamos, nos proveen de elementos que necesitamos para el normal desarrollo de nuestra actividad, así que también son importantes, establezcamos una relación de vinculación, de partenazgo. Y todos nuestros colaboradores. Léase, empleados, colaboradores, etc. son parte de nuestra organización y como cualquier estructura, si una pieza falla, el engranaje no funciona. Mantengamos buenas relaciones con todos ellos, esa buena relación es como el aceite que engrasa todo el engranaje.

No quiero terminar este capítulo sin hacer una mención especial a LinkedIn como herramienta de anticipación, adaptación y acción. Por mi experiencia personal y gracias a que el maestro Jorge Zuazola me abrió los ojos, descubrí una ventana al mundo donde a través de los grupos, Companies Pages, Show Cases, etc. podía tener una relación muy estrecha con las diferentes tendencias globales que me interesan, podía interactuar con personas del otro lado del mundo y recabar la información suficiente para poder hacer mi personal evolución del sector de mi interés y poder anticiparme, adaptándome y adaptando a mis colaboradores y a nuestras organizaciones de manera que pudiéramos crear el escenario más satisfactorio para nosotros.

Quizá, querido lector, pienses que todo lo que te digo, o lo que te decimos a lo largo de los diferentes capítulos de este libro, está muy bien para grandes empresas, grandes directivos, que son los que pueden influir en los mercados y en la evolución del mundo, pero quiero dejarte con una reflexión que planteaba la fundadora de Body Shop, "si crees que eres demasiado pequeño para producir algún impacto, trata de dormir con un mosquito en la habitación".

Gabriel Asensi Viana, Madrid (España), 16 de enero de 2014.

CAPÍTULO 4

Damián Jesús Rodríguez Marruecos
es.LinkedIn.com/in/damianrodrigueznetworking/

BIOGRAFÍA

Nacido en Oviedo en 1984. Licenciado por la Universidad de Salamanca y Máster en Comunicación Digital por la Universidad a Distancia de Madrid (Udima) a finales del 2014.

Está realizando una tésis sobre Network investigando los nuevos sistemas de negocio y las posibilidades del Network y Network Marketing en los que desarrolla los puntos clave y nos dice; "La construcción de Redes está hecha para personas positivas, proactivas y con iniciativa que no ponen impedimento o barrera alguna al aprendizaje del Liderazgo".

Fundador de Spanish Digital Leadership y Brasil Marketing Leadership. Sus mentores Jorge Zuazola, y Arturo de las Heras han ayudado a compactar todas las ideas ya adquiridas para unirlas en un proyecto empresarial de grandes expectativas y excelentes resultados.

Persona activa motivada con el aprendizaje y el liderazgo. Participó en proyectos empresariales y organizaciones de carácter no lucrativo. Su carrera como líder comenzó con la práctica en artes marciales con grupos de diversas edades y competidores. Esta práctica la llevo a cabo en España, Brasil y Panamá. Impartió clases en la Universidad desde los 19 hasta los 23 años. Su carrera militar comenzó en 2006 finalizándola voluntariamente en 2013.

Estos dos sectores han sido fundamentales en la educación de Damián. A pesar de sus proyectos empresariales, colaboraciones con diversos sectores, asesorías, trabajos con empresas internacionales, organizaciones de carácter no lucrativo y asociaciones, él siempre enfatiza en la falta de carácter y disciplina de las personas. "Si hubiesen practicado artes marciales o realizado el servicio militar, los empresarios aprenderían a organizarse y motivar a sus "tropas" y los empleados a no cuestionar las decisiones". Por muy duro que parezca para algunos. El trabajo en equipo y la confianza nunca se han de perder.

Actualmente tiene proyectos propios en los que no descarta la colaboración con alguna que otra empresa. "El problema es la mala gestión de muchos empresarios y su falta de liderazgo me desmotiva para trabajar en sus organizaciones. Me planteo alguna que otra vez contactar con empresas pero cuando las conozco y escucho el repetible – no conozco a mis empleados- huyo fugazmente porque considero que ya no es un trabajo de marketing o red, sino un trabajo de motivación personal y organización empresarial". Lo que más le sorprende a Damián es que las empresas han emulado a las franquicias y siguen encerrados en la era industrial en que teníamos peones y no empleados. Los conceptos han cambiado, la sociedad ha cambiado y los negocios se gestionan entre personas.

4. Network 2.0 es una actividad profesional que se ha convertido en un deber

4.1 ¿Qué es el Network o Trabajo en Red?

Considero importante dar un repaso a la definición en sí. Si te has iniciado en estos nuevos sistemas del siglo 21 te facilitará la comprensión del término, en caso contrario si ya llevas un tiempo creo conveniente que vuelvas a analizarlo ya que muchos se olvidan en que consiste una red y ello conlleva al fracaso de la misma.

En una búsqueda en varios diccionarios aprecié un factor común de definición: "Es un grupo de dos o más sistemas de computación unidas entre sí" comprendiendo que Net significa red y Work trabajo, la unión de ambas nos dará el resultado de "Trabajo en Red".

En el mundo de la computación existen varios tipos de redes según área local (LANS), conexiones telefónicas o radios (WANS), conexiones entre campus o recintos (CANS), etc… Todos ellos tratan de conectar las tecnologías organizándolas en redes según geolocalización e intereses comunes. No quiero profundizar estos términos pero si dar una idea inicial de como funcionan las tecnologías entre sí.

El Network aplicado a las personas es cuando un individuo aprovecha las redes ya creadas para la computación y se convierte en el gestor, promotor y líder de su propia red mediante una asociación de personas que tienen un interés común y con frecuencia la prestación de asistencia mutua, información o participación en la creación de contactos pudiendo ser o no profesionales.

Según Adam J. Kovitz, Presidente y fundador de The National NetworkerCompanies (TNNC), su definición de networking es: «Un intercambio de información entre un individuo y otro o un grupo con el propósito de: hacer negocios, adquirir conocimientos sobre alguna especialidad, buscar empleo, hacer comprender compartiendo información y conocimiento, buscar amistad, solucionar problemas, buscar amor.»

Si analizamos ambas definiciones podemos observar que la sociedad actual está constituida por sistemas en red. El ser humano ha trabajado en red desde que se constituyó como persona. Los núcleos familiares constaban de matriarcas, cazadores, chamanes, guerreros y alianzas con otras tribus que distribuyendo el trabajo la eficacia sería mayor y por lo tanto se lograba la perpetuación de la especie. Con la llegada de la revolución industrial en el siglo XVIII las redes se profesionalizaron y con la expansión de los comercios exteriores estas fueron aumentando considerablemente. Lo que dio como consecuencia a lo que hoy conocemos como franquicias y multinacionales. ¿Acaso una multinacional no es una red comercial de distribución?

Está comprobado que las mayores fortunas se hacen con redes. Los grandes negocios se constituyen en grandes cadenas organizativas con estructuras complejas y largos procesos internacionales. No menciono empresas por que no es el fin de mi narrativa enfatizar con ellas. Mi intención es informarle de los nuevos sistemas actuales y ayudarle a tomar la decisión correcta para su trayectoria profesional. Un análisis formal de los rumbos empresariales de nuestro nuevo siglo y que usted tome idea de las posibilidades que tiene a su alcance.

Hay empresas que se nutren de subcontratas para sus proyectos y otras simplemente crean cadenas de negocios para la mayor rapidez en el crecimiento de los mercados. Existen franquicias de todo tipo que usted puede adquirir por sumas considerables. Si analizamos la Bolsa como otro ejemplo de red, podremos observar como un grupo de inversores junto con el capital de una empresa crean una red de acciones para comprar y vender y según como este el mercado estos grupos se constituyen o disuelven.

Más tipos de redes actuales son las líneas telefónicas o sistemas de software. Son sistemas de distribución de datos para contactar con todo tipo de personas, empresas o grupos sociales. La tecnología permite conectar entre sí mediante un gran número de soportes y programas que nos mantienen actualizados y en constante conexión

Cada día son más las empresas que usan los medios de internet para comercializar su producto o tratar con los clientes que se suman al "mundo 2.0" es como yo defino el mundo que nos rodea en el cual el cliente es el que comanda y dirige el negocio de terceros según reputación, gustos y facilidad de adquisición o información. Estos clientes activos trabajan indirectamente para las empresas a través del conocido sistema "Boca a boca"
Ellos emplean las redes sociales, los foros y los blogs para dar su opinión promocionando o compartiéndolo en sus perfiles. Un cambio en el marketing de redes ha sido que los propios consumidores son los que publicitan y distribuyen la información a su antojo y dependiendo de la cantidad de opiniones positivas o negativas las ventas pueden aumentar o disminuir.

Las redes sociales cada día cuentan con mayor crecimiento. Existen redes sociales de todo tipo y para todos los gustos, aficiones variadas y dedicación. Hay redes sociales solo para video, otras para audios, existen redes sociales para contactar con antiguos amigos y otras para hacer amigos nuevos e incluso "flirtear"
Mas tipos de redes sociales son las que comparten solo archivos, comparten llamadas las hay para audios e incluso para determinados sectores como son el arte, la música, los coches o las compras. También contamos con redes sociales únicamente para profesionales y empresas como lo es LinkedIn.

¿Qué sucedería si el tiempo que empleamos en ocio en internet lo usamos para crear nuestra marca personal y expandir nuestra red de forma profesional?

4.2 El Network 2.0

Hablamos del P2P (personas para personas) El Network 2.0 es una red inteligente de personas basada en una estrategia creada por el individuo. Las mayores redes se construyen con el contacto directo o "mouth to mouth".

Cada individuo aumenta sus redes sociales para usos diversos día tras día y mes tras mes. Si estas redes que conseguimos por voluntad propia a cambio de una simple aceptación les damos un uso profesional estratificando las relaciones hacia nuestro interés empresarial y crecimiento personal obtendremos un resultado notable. Es cuestión de dar un enfoque diferente a nuestro uso de "internet" y de esta manera enriqueceremos nuestros contactos no sólo a nivel empresarial o profesional si no que la información obtenida será de gran utilidad para forjar nuestra mente de posibilidades e ideas.

El problema es que muchos aún están atascados en el uso social de las redes para ocio y amigos. Usar LinkedIn como una red social convencional para difundir mensajes y conectar con mi entorno de ocio (amigos, familiares, compañeros, etc…) es un error que por desgracia aun muchos de ustedes continúan realizando.

Mi consejo es; infórmese y construya su red. Escoja la mejor opción y póngase en manos de profesionales. Enfoque sus ideas, podemos llegar lejos, muy lejos con nuestros objetivos y obtener excelentes resultados. Dé importancia al Personal Branding, a la gestión de tiempo y a la estrategia. En definitiva ¡Profesionalícese!, adáptese a los nuevos cambios y use las potentes herramientas que están a su alcance. LinkedIn es una Red excelente para este tipo de actividades.

Se preguntará como comenzar a construir y aumentar su red. El paso número uno está en el Personal Branding. En Spanish Leadership contamos con profesionales incluyendo a servidor que le pueden ayudar a adaptarse o mejorar en los medios. Si su imagen es negativa o la información que usted expone no es la correcta (no hablo solo de la foto en los perfiles) será más difícil poder despertar el interés hacia otras personas. La gestión del tiempo (15 minutos diarios como mínimo) es importante ya que su red no aumentará sola. La organización de contenido visual y la elección de sus videos también juegan un papel fundamental en el posicionamiento de buscadores.

Una vez iniciado estos pasos anteriores podemos comenzar a construir nuestra red de manera profesional.

La conexión con grupos, seguir empresas, saber contactar con empresarios y empleados, conocer los empleos existentes en los medios y como trabajan los "Headhunters" nos ayudarán a la expansión y obtención de resultados.

En las 21 leyes irrefutables del liderazgo de John C. Maxwell Dice; "La ley del círculo íntimo – El potencial de un líder es determinado por quienes están más cerca de él"

4.3 Como construir su red

La construcción de la red tiene que ser un camino placentero muy diverso y con un enfoque claro para que usted pueda visualizar las metas a seguir.

Usted tiene que conocer dos conceptos clave como son la Anchura o primer nivel y Profundidad o segundo nivel. Existe un tercer nivel no menos importante pero es el que yo denomino, El nivel luz. Sabes dónde está, sabes que lo puedes alcanzar pero primero has de encontrar el interruptor para encenderla.

Hablemos de Anchura,

La Anchura se crea con sus contactos directos. ¿Qué quiere decir directos? Amigos, conocidos, compañeros de trabajo o familiares. Podemos llegar a ellos con un sistema tradicional "face 2 face" o agregando cuentas de email. Como consejo no descarte a nadie porque se sorprendería. La Anchura le proporciona a usted la estabilidad que necesita para hacer de su red algo estable y con flujo constante. Es como un acueducto en funcionamiento. El agua siempre fluye.

La profundidad,

La profundidad es más compleja. Usted puede trabajar a través de sus contactos directos. Recuerde el consejo de no descartar a nadie porque nunca se sabe quien o quienes pueden estar en contacto con esa persona que usted desechó. Los grupos, las empresas en LinkedIn le pueden ayudar a ampliar sus contactos llegar a los de segundo nivel a través de los de primer nivel. La estrategia no es compleja pero si hay que trabajarla. Recuerde que agregar personas solo por el mero hecho de tener en cantidad no es algo recomendable. Usted tiene que marcarse unos objetivos personales y para el grupo. Conocer las áreas que quiere tratar y los mercados, saber si le van a proporcionar algún beneficio. Cuando hablo de beneficio no me refiero al económico solamente también al social o por otra parte hay personas que usted quiere tener por influencia emocional o motivacional. Para ello le recomiendo planificar su estrategia y conocer bien las herramientas a su alcance.

Otras redes sociales redirigidas a LinkedIn o Blogs también son formas de añadir más contactos a su red. Las posibilidades son infinitas siempre y cuando las visualice

Tercer nivel o denominado por mí "Nivel Luz"

El nivel luz es aquello que a usted le gustaría llegar. Una persona influyente, una gran empresa, un grupo cerrado que considera importante. Este nivel aparece constantemente y a uno le encantaría alcanzarlo. Pero antes de ponerse a saltar para coger la bombilla debería saber donde está el interruptor. Nuestro interruptor está en el nivel opuesto. Que quiero decir con ello; Tenemos personas, grupos y empresas. Si quiere llegar a una persona ha de plantearse los grupos a la cual ella pertenece, si quiere entrar en un grupo busque en sus contactos quienes están en él y si lo que desea es una empresa pues "más de lo mismo". Es un técnica sencilla que mucha gente no se la plantea. Doi por echo que usted como profesional aportará conocimientos o datos relevantes para que los contactos de Nivel 3 le aprecien como contacto siendo el interés mutuo.

¿Hay que ser sutil! La sutileza es vital para usted. Comience con trabajar su Personal Branding o marca personal para que los otros vean que usted es un profesional. Como paso previo. (No me cansaré de repetirlo)
Cuando tenga todo ello debería comenzar a plantear las estrategias. Hay personas que se retraen porque ven estos métodos como muy "directos o interesados" dicen ellos. LinkedIn es una red para profesionales. Nadie les va a recriminar. Para eso están las redes sociales de ocio. Lo que sí es vital es que sea educado, modesto y sepa tratar a sus contactas o futuros contacto con gran profesionalidad.

4.4 Mi experiencia

Soy el usuario 206.968.249. Esto quiere decir que me inscribí en LinkedIn a principios del 2012. Recuerdo que un buen amigo "Jean" mencionó esta red por que el llevaba ya casi 6 años viajando por el mundo realizando entrevistas Online y obteniendo empleo solo con esto. Como buen español hice caso omiso porque lo veía moderno, en inglés y complicado. En definitiva; no creí que fuera una solución para mi trabajo y menos aún como militar, pero a pesar de todo me inscribí para conocerlo. Pasó el tiempo, en el que yo continuaba estudiando sobre Seo, Marketing Online, Diseño, Webs Blogs, etc.. Pero nada de ello me llenaba, no encontraba nada en este sector que me fascinase realmente. Un buen día me hablaron de UDIMA. Accedí al website realicé un par de llamadas y decidí continuar mis estudios en este centro. Por un asunto administrativo acabé conociendo a D.Arturo de las Heras (Director general de Udima y del CEF) al finalizar nuestra conversación conecté con él en LinkedIn. Quedé fascinado con los videos, sus charlas y la gran labor que estaba realizando en américa latina. Me uní a Spanish Leadership y fue cuando Jorge Zuazola entró en mi vida profesional repentinamente. El potencial de un solo click fué sorprendente. Me enganché al sistema por así decirlo. Aprendí el tiempo que había perdido y recordé las palabras de mi amigo "es una red social fabulosa" no fueron exactamente esas palabras pero se puede hacer una idea.

Mi primer proyecto comenzó con Brasil Marketing Leadership debido a la gran influencia que tengo con el entorno Brasileño tanto a nivel empresarial como personal y familiar. Obtuve resultados óptimos y con ello conocí las posibilidades, herramientas y organización que LinkedIn ofrecía. Pude contactar con empresarios internacionales poner en contacto a personas para desarrollar negocios en diferentes estados, surgiéndome a su vez varias asesorías en las que pudieron conocer el potencial de la red. Cree varios subgrupos según enfoque o niveles de actuación. Todo ello me ayudó a asentar las bases.

Como joven emprendedor mi idea era abrir mercado y ayudar a empresarios a conectar con áreas comerciales en Brasil. Surgieron varias oportunidades pero pronto vi la inmensa posibilidad que tenía con LinkedIn abrumándome debido a que abrir un mercado en todo un país yo solo era tarea compleja y necesitaba mejorar mi estrategia y conseguir socios para este proyecto.
"Ningún esfuerzo es en vano". Conseguí varios resultados en Brasil y LATAM pudiendo asesorar a varios empresarios. Hablar portugués también fue un factor importante en estas relaciones empresariales. Por medio de Brasil Marketing Leadership hice buenos contactos profesionales y posibilidades de negocio para mi regreso al país.

Spanish Digital Leadership es mi proyecto actual. Está en proceso y lo comencé en enero del 2014. Es una idea enfocada en un radio de acción más próximo para centralizar mis objetivos a nivel nacional y dentro de una fuerte estructura con los que yo considero los mejores líderes nacionales. Mis raíces comenzaran desde mis círculos regionales más próximos ampliando a su vez a toda España buscando una futura conexión con mi empresa brasileña.

Lo aprendido en el método Spanish Leadership me ha ayudado a conectar con personas como Al-Obaid,M.A, Farís , Anes al-sadat, Charles E Heroux III o David Vanderveen. Mi objetivo es ser el mejor asesor estratégico en la construcción de redes, impartir asesorías de alto nivel, motivar a las empresas y profesionales a incorporarse a estos medios y ofrecer una optima gestión con resultados.

Bienvenidos al Networking!!

Damián Jesús Rodríguez Marruecos, Gijón, 30 de enero de 2014.

CAPÍTULO 5

Por Francisco Lamamie de Clairac Palarea

http://www.LinkedIn.com/in/franciscolamamieceoclayceupe/es

BIOGRAFÍA

Francisco Lamamie de Clairac Palarea
E-Learning Business Executive. CEO Fundador de Integrated E-Learning Services y CEUPE. Fundador de E-Learning Leadership
Madrid y alrededores, España | E-learning

Actual: Integrated eLearning Services (ILS), CEUPE- Centro Europeo de Postgrado y Empresa, Spanish E-Learning Leadership
Educación: Universidad Complutense de Madrid

más de 500 contactos

Nací en Arrecife de Lanzarote en las afortunadas Islas Canarias donde viví 14 años. Tras trabajar en empresas multinacionales más de ocho años entre España y Europa realizando labores de consultoría de formación y dirigiendo equipos de trabajo (Sesa Start Holding, Wall Street Institute, etc), he fundado varias empresas de base tecnológica relacionadas con la formación y la consultoría, entre otras, Integrated E-learning Services, Campus Europeo de E-learning y Empresa (CEULEM), Corporate Learning Services (Campus Europeo de Formación Permanente), Estudios Europeos de Postgrado (CEUPE).

Me identifico fundamentalmente como una persona emprendedora, soy vocal en la Junta Directiva de APeL (Asociación de Proveedores de e-Learning), Secretario General en la Asociación Nacional de Empresas e Instituciones Innovadoras de Contenidos Digitales en Español, miembro de la Comisión sobre de Educación y Gestión del Conocimiento de la Confederación Española de Organizaciones Empresariales (CEOE) y profesor en varias universidades.

Cursé la Licenciatura en Derecho, Máster Universitario en negocio y comercio electrónico.
He creado más de 10 perfiles de empresas en LinkedIn, participo activamente en más de 20 grupos de debate y modero "Spanish E-learning Leadership", grupo que busca incentivar la reflexión y abrir un espacio para compartir, comentar y comunicar inquietudes sobre la dinámica del eLearning y cultura tecnológica que ha inaugurado el año 2.014 con más de 1.600 miembros.
http://www.linkedin.com/groups/Spanish-ELearning-Leadership-3704200?trk=my_groups-b-grp-v

Recientemente se ha publicado mi experiencia emprendedora en el libro del Dr. Fernando Giner *27 conversaciones con emprendedores españoles* de la editorial ESIC y tengo el orgullo de representar a la primera empresa española que ha obtenido la certificación ISO 20.000, reconociendo la excelencia de nuestros servicios integrales de formación. Me apasiona el mundo de la formación y el networking en redes profesionales.

5. Inteligencia de negocios es la nueva asignatura para el CEO

5.1. Redes sociales y aprendizaje

Llevo más de 10 años dedicado profesionalmente al sector de la formación y soy emprendedor y CEO de varias empresas consultoras relacionadas con las nuevas tecnologías de la información y comunicación aplicadas a los procesos de enseñanza-aprendizaje.

En los últimos años y, como consecuencia de la cada vez más implementada sociedad en red, constato que ha cambiado toda la forma general de enseñar y aprender en la que el e-learning o la formación on-line es simplemente la punta del iceberg de una serie de profundos cambios en torno a cómo gestionamos, compartimos y creamos información, pero también sobre cómo buscamos enseñar y aprender.

En esta tarea, las tecnologías han abierto muchos flancos a la educación y la formación. Pero el cambio más significativo, además de todos los rasgos positivos que impregna el e-learning a las organizaciones y a las personas, es que cada vez es más difícil diferenciar entre los sistemas de gestión de información y aprendizaje.

Las ventajas de este tipo de formación son enormes, pues los procesos de formación online por un lado, consolidan la experiencia y conocimiento de inmersión en la empresa y, por otro, permiten aprender trabajando y trabajar aprendiendo.

El e-learning está destinado a personas y organizaciones que aprenden. Aunque suene general, no lo es, porque una persona u organización que aprende es una persona u organización abierta al cambio y aprender es cambiar. La persona u organización que no quiere cambiar no busca e-learning.

En el sector corporativo hay grandes desniveles, pues en muchos casos (especialmente pequeñas y medianas empresas) todavía está adaptándose progresivamente al e-learning, y en este camino existen desniveles, ya que no es un proceso homogéneo. Hay grandes apuestas por el e-learning corporativo y grandes ausencias. En el grupo de organizaciones que aplica el e-learning todavía existe la sensación de que adquirir una plataforma virtual de aprendizaje o tener los mecanismos más sofisticados de distribución y almacenamiento del contenido es hacer e-learning; sin duda, es el inicio, pero hace falta añadir siempre el componente educativo y formativo, pues cuando se trata de eLearning, el contenido lo es todo.

Así que, aunque la tecnología de eLearning, la estructura, la presentación y métodos de evaluación eficaces, son factores clave para el éxito de un curso de eLearning y para la obtención de una experiencia aprendizaje enriquecedoras, si el contenido de eLearning no se diseña magistralmente, todo el resto sólo irá por el desagüe. Todavía hay que aportar mucho sobre cómo hacer e-learning.

Fundamentalmente no hay que confundir el e-learning con la producción en serie. se trata es que el e-learning se adapte a las personas e instituciones, no al revés. Lo último seria un sin sentido. Toda la tecnología, como la pedagogía, que moviliza el e-learning está marcada por un fin: adaptarse al que aprende en un contexto concreto.

Además, sigue pendiente una real comunicación 2.0 como alternativa de interacción, pues si las redes sociales reúnen a personas en torno a intereses comunes, ¿Por qué no reunirlos en torno a formación sobre materias afines?

5.2. Social learning

Social Learning constituye el aprendizaje que se obtiene en contextos sociales, considerando que las personas aprenden unas de otras mediante la observación, imitación y el compartir experiencias.

Hoy en día, empresas e instituciones educativas están haciendo uso de diferentes herramientas 2.0 que brinda la web y los están utilizan a la hora de formar.

A trevés de la creación y extensión en su uso de Facebook, Twitter, LinkedIn, Elgg, You Tube, todas la variedad de herramientas de Google, Ning y Second Life, entre otras, se intenta llegar a la meta que había planteado el e-learning desde sus comienzos: que el destinatario de la formación sea el auténtico protagonista de su proceso de enseñanza-aprendizaje, aportando para ellos contenidos y experiencias.

YouTube, Slideshare, Wordpress, Wikipedia y otras plataformas sociales que motivan la creación, el intercambio de ideas y el debate están siendo aplicados en empresas y organizaciones para compartir contenidos entre compañeros de trabajo y grupos de trabajo.

En la actualidad, se ha trasladado el informal learning en la red, es decir la adquisición de conocimientos en un ámbito informal (Google es el caso más relevante en lo que se ha denominado Google Learning), al social learning en el que se aprovecha todas las ventajas y beneficios que acarrean las plataformas sociales en el aprendizaje continuo informal.

Hoy el objetivo de gran parte de organizaciones es extender el social learning en el seno de las mismas para hacer de la experiencia de formación compartida un elemento motivador que incentive la productividad a través, por ejemplo, de la creación de grupos que favorezca la discusión y debate en la que personas de la organización puedan moderar y responder a las pregunta que tengan compañeros, el fomento de las redes sociales para que los empleados sean usuarios activos y mantengan sus perfiles actualizados o la involucración de usuario activos y productores de contenidos (*prosumer*) para que los usuarios no sólo compartan cuestiones laborales sino hobbies e intereses y, en definitiva, que el contenido llega donde está la gente, no al revés. De esta forma, los *websites* corporativos perderán audiencia frente a los medios sociales.

En este sentido IBM destaca como empresa en la implementación del Social Learning, desde 1997 la empresa recomendó a sus empleados que comenzaran a utilizar Internet de forma activa en su trabajo cotidiano cuando muchas otras compañías lo restringían y hoy en día utilizan la misma política en cuanto a redes y herramientas sociales. IBM investiga de forma constante cómo las herramientas sociales disponibles en la red pueden convertir a los profesionales en personas más capaces, activas e innovadoras y así compartir los resultados con sus clientes y comunidades en las que operan. El programa de Social Learning generado por IBM es tan exitoso que es replicado y utilizado como ejemplo por otras empresas

La Social Media, según Forrester Research tiene –además- un gran impacto en las decisiones de los consumidores: el 90% confía en las recomendaciones de gente que conocen, y el 70% confían en las opiniones que leen en Internet.

Las herramientas más populares, de acuerdo al informe Social Media Marketing Industry Report 2.013, son las siguientes (*):

- 92% Facebook
- 80% Twitter
- 70% LinkedIn
- 58% Blogging
- 58% YouTube
- 42% Google+
- 41% Pinterest

*http://www.socialmediaexaminer.com/SocialMediaMarketingIndustryReport2013.pdf

5.2. Social learning y LinkedIn

A pesar de que las redes sociales han crecido exponencialmente en su capacidad de afiliación de una manera trepidante, no lo ha hecho en la misma medida el social learning. Pese a dicha circunstancia, los motivos para apostar por el social learning no dejan lugar a dudas: LinkedIn cierra el año 2013 con 300 millones de usuarios y un objetivo de 500 millones entre 2.014 y 2.015, para llegar a principios de la próxima década a la consecución del objetivo estratégico de LinkedIn que es alcanzar los 3.300 millones de profesionales en todo el mundo. Solo en Madrid se sobrepasa el millón de LinkedInadores y se alcanzará la cifra nacional de 5 millones de LinkedIneadores. Sin duda, un atractivo público potencial para ofrecer actividades formativas, ¿verdad?

Hoy están en auge instituciones de educación superior que utilizan LinkedIn para llegar a los estudiantes y ex alumnos de forma proactiva construyendo comunidades en línea para los estudiantes, ex alumnos y profesores. Dichas comunidades facilitan el aprendizaje social.

Aquella red que comenzó en 2003 con un enfoque de Recursos Humanos y mercado laboral, es hoy la mayor red de inteligencia de negocios 3.0 del mundo en la que todo CEO o empresa que quiera liderar y dar ejemplo de excelencia debe armar una estrategia dentro de dicho canal y cómo no, los spanish leaders debemos impulsarla y darla a conocer.

Hace algún tiempo, además de haber creado más de 10 páginas de empresas, fundé como grupo en LinkedIn *"Spanish E-Learning Leadership"* buscando incentivar la reflexión y abrir un espacio para compartir, comentar y comunicar inquietudes sobre la dinámica del eLearning y la cultura tecnológica y hoy somos más de 1.600 miembros compartiendo conocimiento y haciendo social learning.

Tenemos, entre otros miembros del grupo, CEOs de consultoras y empresas de formación, Rectores y Vicerrectores de Universidades, directores de RR.HH de empresas internacionales y Administraciones Públicas, Directores de colegios e institutos y otros perfiles relacionados con la formación, todos con el objetivo de aprender de nuestras experiencias, por lo que se ha convertidos en una buena muestra de social learning en LinkedIn y es ahora el sitio de referencia del e-learning en la web.

Además, el 95% de los creadores de decisión de negocios de todo el mundo utilizan Social Media. Así lo reveló un estudio de Forrester Research sobre el ecosistema de medios sociales, anticipando que este 2014 dejará una excelente plataforma para el desarrollo de proyectos de social Learning.

Bajo mi punto de vista, social learning no es solamente un foro, un wiki, una página del aula en Facebook o un grupo de debate en LinkedIn, el cambio hacia una forma más "social" de enseñar (el aprendizaje ya era social) es más profundo y requiere detenerse en varios aspectos como la metodología de impartición, pues se puede aprender de todo y a través de todo, buena prueba de ello es el training a través de Skype que un servidor realiza con Jorge Zuazola (CEO Multi-lingüe.Leadership, Gurú. Español más recomendado. Autor LinkedIn 200 millones: CEO se ha quedado obsoleto) o las técnicas de dinamización y motivación a la participación, pues siguen desprendiendo un porcentaje alto de abandono en los usuarios.

En palabras de mi amigo Iñigo Babot, experto en capacitación virtual, fallecido hace algunos años, D.E.P, del que aprendí mucho de lo que se de e-learning y que era un auténtico spanish leadership, todavía nos encontramos en el camino y es cuestión de ensayar nuevas formas y metodologías a través del ensayo y error:

> *"No resulta nada fácil intentar trasladar dos mil años de enseñanza tradicional, a rápida y eficaz enseñanza online. Es más cuestión de estudio, investigación, paciencia y prueba y error, que de urgencia comercial y de presupuestos exorbitantes. Poco a poco se van logrando buenos resultados y es cierto que, en unos años, la implantación y eficacia del e-learning será importantísima pero aun nos queda mucho camino por recorrer, a todos (poderosos y humildes). Estamos en el principio del principio".*

Francisco Lamamie de Clairac Palarea, Madrid, 30 de enero de 2014.

CAPÍTULO 6

Por Antonio Ruiz Rus
es.LinkedIn.com/in/antonioruizorientadorliderazgo/

BIOGRAFÍA

Antonio Ruiz Rus
CEO y Fundador de Barcelona Leadership,
Barcelona y alrededores, España | Internet

Actual: Felipe Calvo, Barcelona Leadership, Spanish Leadership
Anterior: Ayuntamiento de Santa Coloma de Gramanet, Mercedes Benz España S.A., Compañía de seguros y reaseguros deSanta Lucia
Educación: Escuela de diseño, Tecnología y Comunicación Digital SEEWAY

más de 500 contactos

Misión carrera profesional: La misión de Antonio es involucrar a todas aquellas empresas que están dispuestas a innovar en su capital humano. En particular a todas aquellas que viendo la necesidad de mejorar su organización desean aplicar de forma eficiente los equipos de trabajo.

El mayor aporte de Antonio es la experiencia que le viene dada de la compañía Mercedes Benz España S.A donde desarrollo su carrera profesional durante veintisiete años. En ella estuvo alternando y colaborando en todos los cambios organizativos que se realizaron en busca de una mejora competitiva en el mercado.

Una parte importante de su carrera ha sido la dedicación a los equipos de trabajo donde se ha convertido en experto desarrollando los vínculos existentes entre empleador y empleado con el fin de establecer las necesidades y ventajas de este sistema organizativo.

La buena implantación de los equipos te garantiza alcanzar metas comunes, actuando bajo la convicción de conseguir las metas propuestas uniendo conocimientos, capacidades, habilidades e información de las diferentes personas que lo integran.

Obtener una buena capacidad de observación, análisis, síntesis y detección de necesidades le brindan la posibilidad de diseñar acciones individualizadas a cada empresa con el objetivo de crear el marco ideal a la misión y visión de la organización.

Administrador del grupo en LinkedIn, Barcelona Leadership Team y el subgrupo Barcelona City Leadership que han sido creados con la finalidad de introducir debates dinámicos y con contenido sobre los equipos de trabajo, con el soporte de Barcelona Leadership la compañía creada por Antonio.

Empresa: **Barcelona Leadership**

Grupos: **Barcelona Leadership Team**

Barcelona City

6. Simplicity (sencillez) es el rasgo fundamental del líder de equipos

6.1. Cómo llego a LinkedIn

Rondaba el verano del 2008 cuando decidí romper mi vínculo con la empresa que me vio crecer y desarrollar profesionalmente. Una parte importante de mi carrera fue dedicada a los equipos de trabajo, sistema organizativo que me ha ayudado a comprender los vínculos existentes entre empleador y empleado con el fin de conocer las necesidades y ventajas que aportan este sistema de trabajo.

Estuve dedicado un tiempo a mejorar mi formación en el área de la gestión de empresa en diferentes centros, en uno de ellos conocí la red profesional de LinkedIn. Me pareció algo increíble que personas pudieran exponer sus conocimientos y difundirlos a tu red de contactos para la posible consecución de mi próximo objetivo "Empezar con nuevos proyectos profesionales".

La red me pareció buena para apoyarme en ella, pensé que sería una herramienta idónea para mis nuevos proyectos, el desconocimiento de ella me sembraba muchas dudas. Una de ellas era saber a quién me iba a dirigir y como podía hacer contactos, pues carecía de una red profesional con la que conectarme, ya que mis antiguos compañeros no eran validos para mis nuevos proyectos y además ni estaban ni conocían esta red.

Así que empecé con las personas más cercanas en ese momento las cuales no me servirían de mucho apoyo pues carecían como yo de contactos y sus carrera profesionales eran mucho más cortas que las mías, por lo que tuve que empezar a estudiarla superficialmente, sin llegar a comprender la mecánica en su totalidad. Aunque iba dando pequeños pasos sin saber muy bien adonde me dirigía.

Por mediación de uno de los pocos grupos en los que estaba suscrito, llegue a leer un debate que me intereso sobre los equipos de trabajo e intuitivamente me dispuse a conectar con la persona que creo ese debate, asistiéndome la duda si sería aceptado o no, pues mi concepto sobre LinkedIn era que los contactos que podían tener un usuario eran personas de su círculo profesional al tratarse de un medio de Networking. La sorpresa fue mayúscula cuando vi la aceptación de mi mensaje por parte de la persona citada.

A partir de ese momento empezó mi verdadera carrera en LinkedIn, pues fue este contacto la puerta de entrada a una persona que me formo y oriento en el uso de esta red, dándome a conocer todos los entresijos de la misma. No era ni más ni menos que Jorge Zuazola fundador de Spanish Leadership hombre que pone a disposición de quien esté interesado, todos sus conocimientos y experiencia en este tema.

Fue una conferencia vía Skype muy alentadora y llena de intenciones con lo que me llevo a replantearme la forma de encarar mis objetivos profesionales con el aprendizaje que tuve. Tras unos días de reflexión opte por fundar Barcelona Leadership y me avance en el aventurado camino del emprendedor, con la intención de transmitir este tema que me cautivo ya en mi época estudiantil, que era la formación de los equipos de trabajo dentro de la zona geográfica que resido.

6.2. Barcelona Leadership y la creación de equipos de trabajo

Esta empresa tiene el fin de difundir, asesorar y crear equipos de trabajo en organizaciones que deseen aprovechar el potencial real de sus componentes. Su objetivo es la de conseguir mejores resultados en el día a día de la empresa donde demostramos que ofreciendo más autonomía a sus componentes estos llegan a organizarse por si mismos dentro de unas normas establecidas con el fin de planear y controlar sus actividades respetando cada uno el puesto que le corresponda, buscando la capacidad de decidir y la realización responsable de su trabajo de acuerdo con el criterio de los componentes que forman el equipo.

Pero ¿por qué los equipos de trabajo? Las personas tienden a colaborar dentro de un entorno con un objetivo común. ¿Que lleva a la persona a moverse dentro del entorno? ¿Qué tipo de motivaciones tiene dentro del equipo?

La persona diariamente hace su vida en diferentes tipos de ambientes, integrándose en distintos grupos, pues en ellos le reduce la inseguridad de estar aislada, se siente más fuerte, tiene menos dudas y puede resistir mejor las amenazas, estando interesado en formal parte de él. La persona se introduce dentro de un grupo ante la necesidad de contacto social, esto hace que se proyecte con un sentimiento positivo, en la realización de su propósito y se lance al mundo con la actividad que realiza, buscando sentirse orgulloso cuando se ve con el trabajo bien hecho a la vez que desea ser reconocido por las personas de su entorno.

En cuanto a las motivaciones estas dependerán del entorno donde este, aunque no todas se mueven por el mismo motivo. En el caso que nos ocupa, que es la empresa, el integrante suele motivarse por lo siguiente:

- **Status:** Tan solo con la inclusión en un equipo de trabajo que considere importante a este le proporciona reconocimiento y status para el.
- **Autoestima:** Trabajando por una meta en común y realizando varias tareas, a este le da valor a la vez de brindarle un mayor sentimiento de vida por lo que estará más receptivo.
- **Afiliación:** Busca estar incorporado dentro de un grupo para satisfacer sus necesidades sociales y disfrutar de la interacción con el resto de los componentes.
- **Metas:** Este busca el logro de sus objetivos realizándolos con fuerza y pasión, esperando que se le recompense por sus resultados. Resultados que sabe se consiguen mejor ínter actuando con más personas donde se agrupan el talento, conocimiento, y mejora de la calidad para conseguirlas con mayor eficacia.

Todas estas motivaciones hacen que el componente encuentre equilibrados sus sentimientos y se vea más centrado en las obligaciones dentro de la empresa. Si logramos agregar o enriquecer los puestos de trabajo con características, funciones, conocimientos, se estará en la posición de generar mejores resultados, obteniendo implicación y compromiso por parte de los miembros encaminándonos hacia los objetivos que nos hemos marcado.

¿Qué herramienta utilizo para difundir este concepto?

Aunque el trato en los negocios tiene que ser personal, las vías para llegar a buscar clientes están cambiando mucho con la aparición de las redes sociales en especial LinkedIn, es esta red, la que me ayuda a generar el setenta por ciento de mis clientes.

¿Cómo?

Estratificando mis potenciales clientes, difundiendo mis conocimientos en los grupos y llegando a crear uno propio "Barcelona Leadership Team" que es donde pongo al día a mis contactos sobre el tema que trato en la red y otros temas actuales que creo son interesantes para los miembros del grupo, difundiendo a la vez los contenidos de mi blog www.blog.antonioruizrus.com compartiéndolo con otros grupos de mi sector. También cree un subgrupo dentro de este grupo llamado Barcelona City Leadership cuya finalidad es crear un debate dinámico y con contenido sobre los equipos de trabajo. Donde podamos aprender los unos de los otros con la misión de desarrollarnos profesional y personalmente.

6.3. El liderazgo "sencillo"

Mi objetivo es liderar estos proyectos con una misión de inspirar para que los demás puedan crear, intentando aliviar las inseguridades y dar esperanzas a todas aquellas personas que están teniendo continuos tropiezos en sus objetivos debido a los incesantes vaivenes del mercado y hacer de sus conocimientos y experiencias terreno fértil. De una forma tan sencilla como es hacer comprender a los miembros de la organización, porque y para qué es un integrante más de la misma, así como hacer entender al gestor que dirige la empresa que la salida delante de esta situación solo es posible combinado por un lado la experiencia de sus miembros ayudados de la inspiración y la creatividad aunque también se ha de tener en cuenta la disciplina, el trabajo duro y la determinación constante para la misión y visión de la organización.

Esto se consigue con un liderazgo sencillo, basta con saber moderar las reuniones ya que es una de las dificultades a la hora de liderar a los equipos de trabajo, es la falta de atención, lo que hace que no se aproveche la participación de los colaboradores, siendo un hándicap el número de asistentes a la reunión, pues si es muy numerosa se suele observar que las personas conversan entre si, se entretienen con los aparatos móviles creando una situación de evasión en la reunión y falta de participación en la misma.

De ahí la importancia de que las reuniones para ser efectivas se deben realizar en equipos pequeños con un máximo de seis personas para que los temas, la generación de ideas, el estudio de los casos y las opiniones sean recepcionadas de la forma más completa posible. De esta manera conseguimos cruzar toda la información transmitida y obtenemos los beneficios que buscamos de involucrar al personal animándoles a generar ideas y proponer soluciones. El fin de estas pequeñas reuniones tiene que ser el conseguir un mayor desarrollo en el equipo, para buscar la unión e involucrarse en el tema a tratar.

Crear una buena atmosfera en la organización, evitando perder el control del destino de esta, comprometiendo a sus componentes con la misión y visión de la empresa con el fin de lograr las metas que nos proponemos. Tienes que hacerles pensar en grande y no conformase con el camino recorrido pues el mercado como ya he citado anteriormente sufres muchas alternancias y es obligatorio buscar nuevos caminos y oportunidades donde un obstáculo se interprete como una oportunidad. El aprendizaje tiene que ser constante además de la inversión en mejoras productivas, sociales e innovar, no dar nunca la sensación de vivir en una estructura caduca e inmovilista.

Otro factor a la hora de liderar es saber dominar el arte de escuchar pues facilita la comunicación, porque de lo que se escucha se aprende, con una buena recepción en la comunicación puedes llegar a los corazones de los integrantes de la organización ya que una de las ansias de las personas es sentirse comprendido pues es a través de la palabra que se piensa, se comunica, se reflexiona, se expresa y se opina. La persona que se destaca como un buen oyente tiene rasgos específicos de ser un buen líder llegando a ser conocido como un buen comunicador. Con una buena escucha se consigue empatía con el interlocutor, identificación con su punto de vista y se descubre lo que piensa, así evitamos el rechazo y aumentamos la moral y confianza dentro de la organización.

Y por ultimo para finalizar la simpleza de liderazgo nos queda tratar el optimismo que hace falta para enfocar los objetivos con los que nos encontramos El optimismo dentro de la organización es algo que hay que cultivar en el día a día, vista la necesidad de esta para poder alcanzar su misión, por esos necesita de personas que no roben la energía de sus componentes y que sean capaces de transmitir algo positivo.

Ser optimista es ser capaz de creer en los demás por lo que influye a la hora de liderar un equipo, esta actitud predispone a tener confianza en las personas que diriges, sabiendo que las barreras que se tienen que esquivar en el trajín diario, se puede solucionar con comunicación, formación y experiencia. El optimismo hace que la cabeza trabaje a favor tuyo, factor que facilita que cuando las cosas van mal, se adquiera la costumbre de pensar que todo tiene arreglo, sacando de nosotros el lado más brillante que poseemos, por algo un optimista ve una oportunidad en toda calamidad.

Cultivando este aspecto siempre se está dispuesto a tener un proyecto o salida a las situaciones que dificultan nuestro trabajo por eso el primer paso a la solución de un problema es tener optimismo, esto genera poder y confianza en si mismo. Haciendo hincapié en esta actitud se impide caer en la apatía, la desesperación o la depresión frente a las adversidades, ahuyentando los roces y malas vibraciones que genera un ambiente hostil lleno de competitividad, celos y anarquía laboral por la consecución de metas individuales

Todo lo tratado es mi visión sobre un liderazgo sencillo, como ves solo hay que ponerse manos a la obra, trabajar los temas tratados en este capítulo, eliminado todas las barreras que pensamos tenemos encima a la hora de vivir una nueva situación profesional o sacar a flote la maltrecha organización debido a este cambio de época que estamos viviendo. A retos nuevos, actitudes nuevas. Tenemos que ver el futuro como una oportunidad de avanzar colaborando de forma conjunta y entre todos ser conscientes que la información tiene que dejar de ser una fuente de poder y debe compartirse para que desaparezca la competitividad que pueda llegar existir en la organización debido a los intereses individuales de cada miembro o el mantenimiento del status que se ha conseguido. Solo hay que preguntárselo a todos estos linkeneadores que ponen su conocimiento a través de esta red con el objetivo de difundir y ampliar su sabiduría, regla de oro para esta época de la información que estamos viviendo.

Antonio Ruiz Rus, Barcelona, 9 de enero de 2014.

CAPÍTULO 7

Por Manuel Hernández

http:/www.LinkedIn.com/in/manuelhernandeztopmanagement

BIOGRAFÍA

Manuel Hernández Arenes
Managing Director at LEADERSHIP BUSINESS CONSULTING
Other | Management Consulting

Current	**Managing Director** at **Leadership Business Consulting**
	Associate Professor at **CEF Centro de Estudios Financieros**
	CEO at **Sales Marketing Leadeship**
Past	Partner at Otto & Company
	Commercial Director, IPG Iberia Corporate Enterprise Sales, Solutions & Services at Hewlett-Packard
	Sales Director at Xerox Corporation
	see all
Recommendations	**10 people have recommended Manuel**
Connections	**500+ connections**

Profesional con experiencia ejecutiva en distintas posiciones funcionales y gerenciales para empresas nacionales e internacionales en sectores como las tecnologías de la información, soluciones y servicios, consultoría, formación de postgrado y empresarial.

Experiencia a nivel de comité de dirección e interlocución con consejos de administración, así como en el diseño y ejecución de estrategias de crecimiento y desarrollo para empresas en el ámbito internacional. Responsabilidad sobre la cuenta de resultados, transformación de organizaciones en entornos competitivos, y dirección de equipos multidisciplinares.

Especialidades: Dirección general, gestión empresarial, organización, consultoría, comercial y operaciones, tanto en el ámbito nacional como internacional. Profesor de asociado en varias Escuelas de Negocio y miembro del Colegio de Economistas de Madrid.

Manuel ha desempeñado cargos en empresas como Leadership Business Consulting, Otto & Company, Hewlett Packard, Grupo Idea (Iberdrola Group), Xerox y First Data Ibérica, asumiendo responsabilidades de Dirección General, Comercial, Socio, Dirección de Servicio a Clientes y Operaciones.

Actualmente es el responsable del grupo de LinkedIn, **"Sales Marketing Leadership"**, que pretende ser un foro de intercambio de conocimiento, experiencias, en torno al liderazgo, las ventas y el marketing, de reciente creación y que ya cuenta con casi 500 miembros

7. Humildad en darte cuenta de tu retraso 2.0 te abrirá nuevas vías

7.1. El CEO hoy en día debe adaptarse al cambio

El futuro de las redes sociales no ha hecho más que empezar, y evoluciona a velocidad de vértigo, por lo que es preciso estar para no quedarse fuera de este nuevo ecosistema social y profesional, que se está originando con nuevas formas de interrelación y comunicación que no son excluyentes, y vienen a sumar a las que ya existían.

Pero no se trata de estar de cualquier manera, es preciso entender lo que cada red ofrece y como extraer lo mejor de cada una de ellas, asimilando que el posicionamiento no es el mismo, y la información que se comparte y la forma de comunicación tampoco es la misma.

De entre todas ellas, una de mis favoritas es LinkedIn. Pienso que ha creado un nuevo paradigma de establecer relaciones profesionales y de estar en contacto con personas con las que puedes compartir información relevante, intercambiar experiencias y conocimiento, simplemente estar conectados o establecer nuevas formas de hacer negocios comerciales.

Sinceramente creo que hay un antes y un después de LinkedIn para construir estos vínculos profesionales a todos los niveles. Internet es una realidad, y los líderes del futuro han de estar presentes para entender este mercado cada vez más complejo e interconectado al que se enfrentan.

El no estar presente en el mercado de forma activa, utilizando todas las herramientas posibles, y LinkedIn, sin lugar a dudas es una de ellas, puede llevar a los líderes y profesionales de las empresas a tomar decisiones ineficaces, a un menor desempeño profesional o simplemente a quedarse fuera de juego.

La realidad económica con la que hemos vivido durante estos últimos años, ha hecho que las empresas tengan que hacer más con menos, reinventarse en la forma de conectar con clientes, socios, profesionales, etc, y desde luego LinkedIn ha sido, y es una vía muy práctica y directa para estar conectado accediendo a quien realmente te interesa por un motivo u otro.

Una de las funciones principales de los líderes empresariales, es la de tener visión y evolucionar sus empresas de manera efectiva, enfocando parte de sus energías en descubrir nuevos puntos de vista, integrar de forma óptima toda la información relevante e influenciando adecuadamente. En este sentido considero que internet, y especialmente LinkedIn en el ámbito profesional, juegan un papel decisivo.

Para que las organizaciones avancen en este proceso, se requiere también que sus líderes hagan cambios específicos en uno o varios elementos de la forma en que operan, se integran en el mercado y se conectan con sus clientes, abordando nuevos temas y ofreciendo nuevos servicios, desarrollando nuevas técnicas, capacidades, soluciones, y alterando procesos ineficaces.

7.2. El CEO y los nuevos retos de internet

Un CEO no debe asustarse ante los nuevos retos que internet supone y, menos tener miedo a este desafío. Todos tenemos miedos, la única diferencia está en como gestionarlos. Lo importante es enfrentarnos a ellos, sin estar indecisos y con una estrategia clara de lo que realmente queremos hacer. LinkedIn es una vía más, que se ha de rentabilizar de la mejor manera, pero en la que has de estar con una estrategia clara, sin indecisión y asumiendo claramente el nuevo reto.

Con el torrente actual de nuevas tecnologías y cambios en los hábitos sociales, los líderes empresariales deben estar totalmente alerta y desafiados ante este nuevo escenario, que por otra parte contribuye a despertar la creatividad, impulsar la innovación, y garantizar la sostenibilidad.

La conectividad hace que estemos en un continuo viaje, en permanente evolución y mejor adaptados a los continuos desafíos que el mercado, la economía, los clientes, la sociedad, etc, nos pone permanentemente delante. Estamos en la era de una constante revolución tecnológica y transformación en las formas de comunicarnos y conectarnos con los demás.

El CEO tiene el papel de afrontar estos nuevos desafíos con responsabilidad y con la obligación de encontrar soluciones a los nuevos retos que se plantean. No se trata de un trabajo individual, sino de cómo conectar puntos, experiencias y conocimiento que aparentemente pueden ser dispares o simplemente la forma de acceder a ellos es diferente.

¿Cómo encontrar soluciones? ¿Cómo accedemos al mercado? ¿Cómo estar más cerca de nuestros clientes? ¿Cómo trabajamos con los demás?, son algunas de las preguntas que un CEO permanentemente se hace. Mediante la gestión eficiente de todas estas conexiones la empresa evoluciona, crece en su negocio, innova, crea valor y se adapta mejor a las nuevas reglas del mercado.

Es difícil tener un papel relevante en el mundo, si no hacemos primero un ejercicio de comprensión de la naturaleza y el ámbito donde nos desenvolvemos.

Para crear valor es muy importante invertir continuamente en nuevas capacidades, e internet en general, y LinkedIn en particular, es una alternativa clara y evidente. Comprender esto significa estar presentes de forma activa. No hacerlo es quedarse fuera de un movimiento que avanza a velocidad de vértigo.

Internet abona la curiosidad y de ésta emana la creatividad, y la innovación.

7.3. Globalización e innovación

A medida que la globalización rompe las fronteras geográficas y las barreras de mercado, la capacidad de una empresa de hacer frente a este nuevo escenario potencia notablemente su innovación. De hecho, la innovación se ha convertido en un motor fundamental de crecimiento, sostenibilidad y valoración. ¿Se pueden romper estas barreras sin estar en internet?, desde luego considero que es muy difícil.

Es cierto que muchos ejecutivos se frustran ante estos nuevos retos, pero como decía antes es preciso no asustarse, tratar de entender el cambio que se está produciendo y elaborar una estrategia clara.

Alguien me preguntaba una vez ¿cuáles son las mejores prácticas que un CEO debe seguir para estar en internet? No existe una solución única. Lo que si tengo claro es que se ha de tener una estrategia y que sin ella no se llega a ningún lugar. No es estar por estar. Se trata de estar presentes con un fin, integrando la presencia en LinkedIn en la agenda de gestión estratégica de los líderes de alto nivel, y que tristemente es una medida que muy pocas empresas han hecho hasta ahora.

Pero la presencia en LinkedIn y el uso efectivo de determinadas redes sociales no favorece sólo la innovación y el estar mejor preparados ante las exigencias del mercado, también incide muy positivamente en el acercamiento al talento existente dentro y fuera de la organización.

Estar cerca del talento, la innovación como motor de crecimiento, así como dirigir y gestionar de forma efectiva, se ve influenciado también por el grado de posicionamiento que se tenga o no en determinadas redes sociales. No me imagino empresas, ni ejecutivos que hablen de globalidad y que luego no estén presentes en LinkedIn, Twitter u otras redes.

La forma en como los líderes se comunican y se posicionan en estas redes, manda un mensaje claro al mercado, tus clientes, proveedores y empleados. Tener un comportamiento innovador es muy importante, y desde luego hay muchos altos ejecutivos que no fomentan activamente este nuevo modelo de comportamiento, porque simplemente consideran que no tiene ningún impacto en su desempeño o en el de su compañía. El arraigo a formas de gestión y comunicación tradicionales, en mi opinión, hoy en día resta y nos aleja de una nueva realidad. Nuevas ideas, nuevos retos, nuevas formas de comunicación, de estar presentes, estimulan un ciclo de innovación personal y profesional muy interesante.

Pero conformar redes efectivas es a la vez un arte y una ciencia, y mejora la colaboración y el desempeño.

Las empresas cuyos altos ejecutivos están presentes en determinadas redes, sienten mayor confianza en sus decisiones y en su misión en el mercado.

Un grupo de liderazgo más grande con una mentalidad abierta y positiva es una característica distintiva de una unidad de mayor rendimiento.

Es probable que su organización cuente con algunas personas que sienten pasión por estos canales y otros que se sienten incómodos acerca de cualquier tema relacionado con el cambio.

Dado que las nuevas ideas parecen estimular más ideas nuevas, las redes generan un ciclo de innovación. Además, las redes efectivas permiten a las personas con diferentes tipos de conocimiento y formas, abordar mejor los problemas y potenciar las ideas.

                                Manuel Hernández Arenes, Madrid, España, 29 de enero de 2014.

CAPÍTULO 8

Por Ana Fragua González

http://www.LinkedIn.com/in/afraguasocialimpactleadership
http://www.LinkedIn.com/groups/Social-Impact-Leadership-5100195

BIOGRAFÍA

Ana Fragua es empresaria y fundadora de www.socialimpactleadership.com, que ella define como la comunidad de miembros que tienen por misión explorar nuevos tipos de liderazgo, re-plantear y diseñar negocios de éxito, que respondan a retos sociales.

Ana utiliza *LinkedIn* para la conexión, comunicación y acción. Su misión es inspirar y entrenar a personas innovadoras, con voz en su sector, apasionadas por contribuir a la sociedad y medio ambiente, además de obtener beneficio económico de ambos. Personas que desafían los esquemas actuales de liderazgo y gestión empresarial. Que comprenden la interdependencia entre empresa y sociedad, lo que les lleva a repensar los productos/ servicios y las actividades clave del negocio, con el fin de que aporten al bienestar común e incluyan a sus stakeholders.

Más de 15 años de experiencia en empresas nacionales e internacionales, avalan su trayectoria como creativa, profesional del marketing y de la gestión empresarial.

Esta profesional desarrolla sus inquietudes creativas licenciándose en Bellas Artes, y formándose en publicidad, en herramientas digitales y de animación 3D. En el año 2000 entra a formar parte del equipo de "Creatividad y Gestión de contenidos", de la División de Venta a Distancia y Comercio Electrónico de El Corte Inglés. Compagina este trabajo durante cinco años con su formación: "Master Executive en marketing Relacional, CRM y Comercio Electrónico" por el Instituto de Economía Digital (Icemd- Esic) y "Master en Data Base Marketing" por Federation of European Direct Marketing (FEDMA). Está especializada en "Customer Experience Management" (Icemd-Esic), de la mano de Elena Alfaro, Top Ten del Management Spain.

En el año 2005 desarrolla marketing para el Grupo Internacional de Cambio de Divisas Global Exchange, que actualmente está presente en un gran número de aeropuertos internacionales. En 2007, le ofrecen crear la división de venta directa de una compañía del Grupo Arco (productor y exportador internacional de vinos). Lidera el proyecto y en 2008, obtiene un nuevo puesto como Hospitality Marketing Manager para la cadena Haciendas de España perteneciente al mismo grupo, con el objetivo de consolidarla como referente del enoturismo en España.

Desde 2013, Ana Fragua ha creado su propio proyecto Me in WE, y se dedica a la formación y desarrollo de mejoras para empresas y profesionales. Ayuda a compañías y organizaciones a convertir su negocio en un modelo más competitivo e inclusivo, basado en: el desarrollo de la confianza inteligente, la correcta gestión de la experiencia con sus stakeholders claves, la aportación de beneficio social además del puramente económico y la medición del impacto positivo que generan.

El contacto con comunidades en sus viajes a Kenia, Tanzania, India, Vietnam o Nepal, le ha ayudado a descubrir el espíritu de progreso local en diferentes partes del mundo. Además, ha trabajado en voluntariado, realizando talleres de creatividad para colectivos en riesgo de exclusión.

Conoció a Jorge Zuazola en LinkedIn, y gracias a su formación pudo ejecutar su plan de networking y liderazgo, en la mayor red de inteligencia de negocios del mundo. Ana entrena así, a los futuros líderes del cambio sobre todo en España y Latinoamérica, hacia modelos de empresa y organización más transparentes, democráticos, facilitadores, sostenibles, contributivos y humanos.

8. Liderar es muchas cosas pero hay que empezar por compartir

"Dedico este capítulo en agradecimiento a Jorge Zuazola, por confiar en mi y permitirme participar en este acto colectivo, ofreciendo mi humilde visión."

Querido lector, no te voy a contar lo que puedes leer en internet. Mi deseo es inspirarte, divertirte y hacerte reflexionar sobre por qué **Liderar es muchas cosas pero hay que empezar por compartir** y cómo *LinkedIn* se ha convertido en el lugar perfecto para hacerlo. Representa a los negocios del S.XXI, a la confianza inteligente que necesita el mundo para convertir lo individual en colectivo. Favorece la libertad de elegir con quien relacionarse, a quién seguir y al acto de apostar por las personas.

8.1. Los orígenes del compartir

Imagina que eres un niño de tres años. Tus padres o tutores te están enseñando a compartir. La idea que tienes del mundo hasta ahora, es un sitio en el que existes tú, tu madre, tus cosas y también las de los demás. Aunque te resistas, te instruyen cada día y poco a poco lo estás consiguiendo.

Pero has crecido y ahora ya estás en el colegio trabajando los valores: saber compartir, trabajar en equipo, vivir en comunidad… para conectar con gente y ser aceptado por tu grupo. La reciprocidad de las relaciones, la confianza y la honradez, te ayudan a ganar carácter y competencia, los dos elementos que ser requieren para tener credibilidad y sentirte útil.

8.2. Tu retroceso emocional y racional

El tiempo ha pasado muy rápido y después de hacer tu carrera, estás entrando en el mercado laboral (ahora diríamos que estás intentando entrar…). Esta forma de abrirte, de ofrecer lo que eres y haces por los demás, te está trayendo problemas y te has convertido en un ternero tierno y preparado para ser devorado. Por eso de repente…dejas de compartir.

Compartir lleva implícito el acto dinámico de confiar primero, después dar y recibir o a la inversa, recibir y dar. La deshumanización de las compañías, los gobiernos, las organizaciones, las asociaciones, nos han llevado forzosamente a lidiar en un mundo de individualidades, de resultados a corto plazo, de guardar la información y de insultar la capacidad de análisis y el buen criterio de las personas. De CEO´s obsoletos que no comparten con sus empleados, de empleados que no comparten con sus gerentes o presidentes.

Así es muy difícil lograr un cambio de paradigma. Mira esto:
Paradigmas. Guillermo Salazar Verbitzky
http://www.youtube.com/watch?v=ynsvSMbk7NU

8.3. Este es tu mejor momento para compartir: El Yo nos y el Beta permanente de Hoffman

Hoy quiero ayudarte a ampliar tu ángulo de visión y convencerte de que éste es el mejor momento para compartir.

En el libro *El mejor necogio eres TÚ* de Reid Hoffman y Ben Casnocha[1], libro que te recomiendo -como lo hizo Jorge Zuazola conmigo-, se escribe entre otras cosas, sobre la búsqueda de oportunidades revolucionarias.

Perseguir la serendipia y el azar positivo y conectarse a otras redes o comunidades de personas, es una gran fuente de oportunidades. Cuando Reid habla de "La mafia de Paypal"[2], como el grupo corporativo de ex alumnos de *Silicon Valley* al que perteneció, dice que después de la adquisición de *Paypal* por *eBay*, cada uno de sus miembros tomó un rumbo diferente. Sin embargo, se mantuvieron en contacto compartiendo; empleándose entre si, invirtiendo entre ellos, utilizando el mismo espacio de oficinas. De esta colaboración informal, surgieron algunos de los proyectos más exitosos de *Silicon Valley*.

El grupo no tiene tanta relevancia, si los individuos que forman parte no crean y comparten valor. Por lo tanto, quiero inspirarte en primer lugar a que inviertas en ti; a que te muestres siempre en **beta permanente**[3] y adquieras valor; a que después lo compartas con el grupo de personas con el cual tienes intereses en común. Una comunidad funciona cuando existe el intercambio de ideas e información; cuando prima el espíritu de cooperación y participación.

La inteligencia en red se basa en tratar con la gente, para adquirir el conocimiento que te falta para superar tus barreras.
El **Yo** ^{nos} eleva tu potencial, y "son las personas las que te ayudan a comprender tus activos, tus aspiraciones y las realidades del mercado. Son las personas las que te permiten investigar y ser presentado a posibles aliados y conexiones de confianza. Son las personas las que te facilitan la comprensión del riesgo que entraña una oportunidad."[4] R. Hoffman

Si tu red o comunidad se hace sólida, creas a la vez una sociedad fértil que inspira "confianza inteligente". Y a la inversa.
"Es por eso que las empresas inteligentes orientan sus objetivos de negocio a resultados socialmente deseables. También es por eso que invierten tiempo y dinero en ayudar a las comunidades en las que operan."[5]

Por lo tanto, te animo a que te apliques el mismo lema con el que abro nuestro grupo *Social Impact Leadership* en *LinkedIn*:
usa tu ventaja competitiva para mejorar la sociedad. El éxito de esta última, influye directamente en el tuyo.[6]

---

[1] HOFFMAN R. & CASNOCHA B., *El mejor negocio eres TÚ. Adáptate al futuro, invierte en ti mismo e impulsa tu carrera*, editorial Conecta. 2012

[2] HOFFMAN R. & CASNOCHA B., *El mejor negocio eres TÚ. Adáptate al futuro, invierte en ti mismo e impulsa tu carrera*, editorial Conecta. 2012, Cap. 5. p.149

[3] " El beta permanente que cada día nos presenta la oportunidad de aprender y mejorar... quedan cosas por desarrollar en tu persona, necesitas adaptarte y evolucionar...tienes el poder de mejorarte a ti mismo y como consecuencia de mejorar el mundo a tu alrededor." HOFFMAN R. & CASNOCHA B., *El mejor negocio eres TÚ. Adáptate al futuro, invierte en ti mismo e impulsa tu carrera*, editorial Conecta. 2012, Cap. 1. p.29

[4] HOFFMAN R. & CASNOCHA B., *El mejor negocio eres TÚ. Adáptate al futuro, invierte en ti mismo e impulsa tu carrera*, editorial Conecta. 2012, Cap. 7. p.184

[5] HOFFMAN R. & CASNOCHA B., *El mejor negocio eres TÚ. Adáptate al futuro, invierte en ti mismo e impulsa tu carrera*, editorial Conecta. 2012, Conclusión: p.206

6 LINKEDIN GROUPS: SOCIAL IMPACT LEADERSHIP.

http://www.LinkedIn.com/groups?home=&gid=5100195&trk=groups_most_recent-h-logo

Cuando un empresario prospera en una sociedad sana a todos los niveles y en la que existe alta confianza, todos los que vivimos en la misma nos beneficiamos de ello. Warren Buffet dijo: "Todo lo bueno que me ha sucedido en la vida se debe, en su origen, a que nací en el país adecuado (USA) en el momento adecuado"[7]

Si me has seguido hasta aquí, creo que esto puede interesarte:
TED Talks Mohamed Ali: el vínculo entre el desempleo y el terrorismo
http://www.ted.com/talks/mohamed_ali_the_link_between_unemployment_and_terrorism.html

8.4. Las compañías de éxito saben compartir el conocimiento y la experiencia con sus stakeholders[8]

Sigues interesado en lo que te digo. Enhorabuena porque has ampliado tu ángulo de visión y estás en el camino hacia el cambio.

"Mira a tus soldados como miras por un recién nacido. Así estarán dispuestos a seguirte hasta los valles más profundos. Cuida de tus soldados como cuidas de tus hijos y morirán gustosamente contigo". Sun Tzu. *El Arte de la Guerra*.[9]

Rescato una frase de este emblemático libro, que ha sido reinterpretado por numerosas escuelas de negocio y aplicado a la estrategia empresarial, porque encierra la necesidad de un nuevo liderazgo: de personas íntegras y auténticas a las que seguir; comprometidas con la construcción de proyectos duraderos, con el valor de crear empresas que satisfagan las necesidades de todos los grupos de interés claves y que reconozcan la importancia del servicio que hacen a la sociedad.

Es por esto que Peter Aceto[10], Presidente y Consejero delegado de *ING Direct Canada*, escribe una carta a sus empleados para solicitar su re-elección diciendo: "Liderazgo: está en vuestras manos… Queridos colegas: los líderes no son elegidos por los Consejos Directivos o las Juntas de Accionistas. Los líderes son escogidos por sus compañeros, basándose en el respeto que se han ganado, los resultados logrados y la confianza del equipo; en que el equipo en su conjunto saldrá ganando con ese líder"[11]

Es por esto que Vicente del Bosque, nuestro laureado Seleccionador nacional de fútbol dice que "ser Líder es compartir ideas, saber escuchar, ser cordial y afable a la vez que exigente. Cohesionar lo individual y lo colectivo; dirigir los talentos técnica y emocionalmente, porque la calidad humana es lo principal. El respeto es la base de un líder y eso no se impone, se gana con tus actos. Tus conocimientos, tus normas, el equilibrio en tu forma de actuar y tu integridad, llevarán a que los demás te vean como un líder de forma natural."[12]

---

[7] FINANCIAL TIMES, *Warren Buffet´s Memorandum*. 9 de octubre de 2006.

[8] http://es.wikipedia.org/wiki/Stakeholders

[9] S. TZU. El arte de la guerra. Ed. Obelisco. 2009

[10] http://www.LinkedIn.com/pub/peter-aceto/4/949/681
www.LinkedIn.com/company/ing-direct-canada

[11] S.COVEY. Confianza Inteligente. La creación de prosperidad, energía y alegría en un mundo de baja confianza. Cap. 5.

[12] http://www.youtube.com/watch?v=MgER4Xu8xWE

Ser Presidente, Director General o CEO, no siempre implica ser un ejemplo para los demás. A algunos de los altos directivos se les da bastante bien decir lo que hay que hacer, pero bastante mal explicar los motivos por los que hay que hacerlo; el por qué, cuál es la intención que hay detrás del qué y el cómo vamos a hacerlo. Su opción a utilizar el camino más corto, les lleva a ocultar las intenciones, a falsear o prometer en exceso.

Pero hay gloriosas excepciones que además son casos de éxito, de líderes entrenados y convencidos en compartir; que basan su filosofía en una comunicación abierta, que fomenta la innovación y las aportaciones de mejora de los empleados.

"Businesses often forget about the culture, and ultimately, they suffer for it because you can't deliver good service from unhappy employees" Tony Hsieh[13]

El consejero delegado de *Zappos* vendió su primera empresa *LinkExchange* a *Microsoft*, porque la cultura de ésta ya no fomentaba lo que él siempre había tenido en mente; la idea de una comunidad próspera, enérgica y alegre, que comparte experiencias entre los empleados y con el cliente que es su prioridad absoluta. En *Zappos* no hay guiones de venta o atención al cliente; no hay tiempo de llamada porque su lema es "confiamos en que los empleados usarán su mejor criterio a la hora de tratar con cada cliente"[14] y se anima a los teleoperadores a demorarse lo necesario hasta que el cliente esté satisfecho.

En *Zappos* existe una cultura que fomenta la unión. Después de pasar por un periodo de formación que dura 4 semanas, a los nuevos empleados se les ofrece una cantidad de dinero, más el salario de un mes, para el que quiera marcharse. Éstos pasan al menos un 20% de su tiempo de ocio con los jefes de equipo, con la idea de estrechar vínculos; y es que *Zappos*[15] desea mantener la filosofía de compartir, de estrechar lazos y de que estés en la empresa no sólo por el sueldo, sino por la relación y el vínculo estrecho que formas con las personas que hay en ella.

8.5. ¿Y ahora qué? ¿Cómo conectar, dar y compartir la experiencia en LinkedIn?

Bien, has llegado hasta aquí y tomaste la decisión de compartir y crear un grupo. Después de haberlo dotado de contenidos sobre tu área de interés, vas a invitar a formar parte de él a las personas que están en tu red. Un consejo: no pongas barreras, deja tu grupo abierto a todo el mundo.

Aliméntalo diariamente publicando actualizaciones; cuanto mejores sean, más valor tendrán para los demás.

Invierte en ti –leyendo, ponte un objetivo de libros al año, asistiendo a eventos especializados y novedosos sobre tu área de conocimiento, formándote– destina parte de tu presupuesto anual a ello. Toda esa diferenciación y potencial que vayas adquiriendo, compártela con el grupo.

Muéstrales la información y conocimiento de los líderes a los que sigues y de los que vas aprendiendo.

Es obvio decir que recomendar y compartir actualizaciones, mejora tu presencia y visibilidad en red. El contenido es ahora la moneda de cambio. Cuanto más y mejor sea lo que compartas, mayor será el word of mouth y la capacidad que tienes de empoderar a las personas. Un líder crea líderes.

---

[13] BRAINY QUOTE. http://www.brainyquote.com/quotes/quotes/t/tonyhsieh412218.html

[14] HSIEH T. Delivering Happiness, N.Y. Business Plus, 2010. P. 48

[15] www.LinkedIn.com/in/tonyhsieh
www.LinkedIn.com/company/zappos.com

Tu debes ser el ejemplo de los valores que deseas inculcar. Humildad, respeto, creatividad, open mind, esfuerzo,… son las actitudes que los miembros deben ver en ti. En el grupo, puede haber personas con gran talento y experiencia; empatiza con ellas, permíteles expresarse y mostrar su conocimiento a los demás y sitúate en ese caso en un segundo plano, porque el grupo es de todos. Tu papel consiste en que el motor siga en marcha y sea cada día más potente. La vida y la naturaleza de tu grupo, depende de las personas que hay en él.

Un grupo es una obra viva construida por una comunidad de miembros con valor. No tienes que ser nadie importante para crearlo, pero si a mi modo de ver, debes haber nacido con la capacidad de querer ayudar a los demás, debes preocuparte por adquirir cada día más conocimiento profesional y valor humano, para poder transmitirlo e inculcarlo y por último debes interiorizar que la confianza con criterio o confianza inteligente, es el pilar sobre el que se sustenta.

Preocúpate por conocer a los miembros de tu grupo, entra en sus perfiles y conecta con ellos de forma individual, vía email o mensajería instantánea. Queda con ellos si tienes opción y convierte ese momento en una experiencia en la que compartir ideas, ayudar al otro, emplearlo, asociarlo a tu proyecto o formar parte del suyo.

8.6. El potencial que tiene LinkedIn para la consolidación de los proyectos inclusivos[16]

Has cambiado, madurado, y ya compartes. Sigue haciéndolo. Cada vez somos más los que trabajamos por un cambio de paradigma.

"Soy una persona, pero soy una. No puedo hacerlo todo, pero puedo hacer algo; y como no puedo hacerlo todo, no me negaré a hacer lo que si puedo hacer" Hellen Keller[17]

En el estudio *2013 Edelman Trust Barometer*[18], se habla de la crisis del liderazgo actual y la tendencia del cambio hacia modelos más inclusivos. Las compañías y organizaciones, deberían empezar a moverse en otra dinámica basada en el empoderamiento de sus stakeholders, el diálogo, la flexibilidad, la co-creación y la implicación con la comunidad que necesita ayuda. En este nuevo "inclusive management", los líderes tienen y expresan una visión, escuchan y adoptan el feedback con sus grupos de interés y actúan en consonancia de lo hablado con ellos, creando un campo de liderazgo donde los canales y las comunicaciones se interrelacionan; donde los mensajes se entregan con humildad, transparencia y la voluntad de explicar los beneficios mutuos.

Por esto, porque no puede ser de otra forma, creo firmemente que *LinkedIn*, la red de inteligencia de negocios global, está convirtiéndose en la gran incubadora de ideas, para la creación y redefinición de compañías y organizaciones hacia nuevas formas de liderazgo inclusivo, basadas en la generación de beneficio económico y también social; organizaciones basadas en la Creación de Valor Compartido (Creating Shared Value, CSV)[19]

---

[16] Negocio inclusivo: http://es.wikipedia.org/wiki/Negocio_inclusivo

[17] BRAINY QUOTE http://www.brainyquote.com/quotes/quotes/h/helenkelle403313.html

[18] *Edelman Trust Barometer*: http://www.slideshare.net/EdelmanInsights/global-deck-2013-edelman-trust-barometer-16086761?ref=http://www.edelman.com/trust-downloads/global-results-2/#!

[19] M. E. PORTER & M.R. KRAMER. Creating Shared Value. How to reinvent capitalism and unleash a wave of innovation and growth
http://www.waterhealth.com/sites/default/files/Harvard_Buiness_Review_Shared_Value.pdf

En torno a ello, trabajamos en *Social Impact Leadership*, y extendemos el mensaje al resto de grupos de los que formamos parte y a toda nuestra red.

Todavía recuerdo las diez primeras actualizaciones que se publicaron. Éstas encerraban los temas claves que se han ido desarrollando desde agosto de 2013 hasta hoy, y hablan de:

1.- Nuevas tendencias que lideran el mercado sobre la generación de impacto social-ambiental positivo para el individuo, la sociedad y el planeta.
2.- Herramientas y recursos para la medición del impacto social-ambiental.
3.- Ejemplos de empresas a nivel global que aplican la creación de valor económico y social (o valor compartido).
4.- Teorías, recursos, informes y modelos de negocio que gestionan correctamente la experiencia con sus stakeholders, y que apuntan a nuevos tipos de liderazgo inclusivo.

En torno a estas cuatro áreas, se desarrolló inicialmente el mind map[20] de *Social Impact Leadership* y se ha ido ejecutando hasta hoy.
En ocasiones, se comparten actualizaciones con otros grupos y personas. Además, semanal o quincenalmente, se lanza a los miembros una reflexión argumentada, así como un repaso de las mejores publicaciones de cada mes (debates).
También ocasionalmente, se hace un homenaje a las personas que mejores aportaciones hacen, y que representan a la filosofía y valores del grupo, destacando su participación y compartiendo su perfil.

Estos son sólo algunos ejemplos de los contenidos que se tratan:
- La difusión de estudios como *Edelman Good Purpose 2012*[21], de la metodología *SROI*[22](que ha creado una nueva red en España), o del nuevo Índice de Capacidades de la *Fundación SERES*[23] (que mide el beneficio económico de las medidas sociales adoptadas por la empresa).
- La apuesta por la sostenibilidad y la transparencia en las compañías como *Whole Foods Market*[24], *Good Eggs*[25], *Chipotle*[26], *Kiva*[27] o *Zappos*[28].
- El empoderamiento de los mercados que están en la base de la pirámide, por parte de pequeñas empresas como *Mamelodi Pods*[29], *Acces Afya*[30], *Honey Care Africa*[31], *Proximity Designs*[32], *Harlem Children´s Zone*[33] o *Mammu*[34].

---

[20] http://www.tonybuzan.com/about/mind-mapping/
[21] http://es.slideshare.net/EdelmanInsights/global-deck-2012-edelman-goodpurpose-study#!
[22] http://www.thesroinetwork.org/spain
[23] https://candidate.manpower.com/wps/wcm/connect/ESCampus/356a6150-6f8b-40d0-82e8-7f0feb056036/Estudio_Seres_Eada_Fundaci%C3%B3nManpowerGroup.pdf?MOD=AJPERES
[24] http://www.wholefoodsmarket.com/
[25] http://www.goodeggs.com/welcome
[26] http://www.chipotle.com/es-MX/Default.aspx?type=default
[27] http://www.kiva.org/home
[28] http://www.zappos.com/
[29] http://www.archdaily.com/418486/mamelodi-pod-architecture-for-a-change/
[30] http://www.accessafya.com/
[31] http://honeycareafrica.com/
[32] http://www.proximitydesigns.org/
[33] http://www.hcz.org/

- El apoyo a colectivos con necesidades, por parte de compañías y proyectos como *Grupo EOZ*[35], *Urbuyo*[36], *Equall for All*[37] o *Toms Marketplace*[38], la arquitectura de *Alfredo Brillembourg*[39], o los *Barrios orquestados*[40].
- Los discursos inspiradores de Muhamad Yunnus[41], Toby Eccles[42], Michael Porter[43] o Jessica Jackley[44].

Como ejemplo de liderazgo compartido, *LinkedIn* ha lanzado el 15 de enero de 2014, *LinkedIn for Volunteers*[45]. Conecta a organizaciones sin fines de lucro con profesionales que quieren aportar su talento como voluntarios. De esta forma las organizaciones no lucrativas encuentran profesionales capacitados, para cubrir sus carencias, cuando necesitan solucionar algún problema. Hay miembros de *LinkedIn* que no están buscando activamente oportunidades de trabajo tradicionales. En su lugar, quieren perfeccionar o potenciar sus habilidades y al mismo tiempo hacer un impacto positivo en el mundo. *LinkedIn* ayuda así al sector social, a conectar el talento con oportunidades a escala masiva y para ello, se está asociando con organizaciones como *Catchafire*, *Fundación Taproot*, *BoardSource* y *VolunteerMatch*.

Los primeros en llevar a cabo estas ayudas profesionales, son los propios empleados de *LinkedIn* que como dice su fundador Reid Hoffman, dedican parte de su jornada laboral anual a llevar a cabo trabajos de voluntariado. "En *LinkedIn* se paga a los empleados para que se tomen días laborables en trabajar para organizaciones sin fines de lucro. Estos esfuerzos de generosidad, benefician y ayudan a los menos favorecidos, y fortalecen la conexión de la empresa tanto con sus actuales o potenciales clientes como con sus propios empleados."[46]

8.7. Conclusión

Estás en beta permanente, formándote, leyendo e informándote continuamente. Por fin has tomado la decisión de creer en las personas y ejercitar la confianza inteligente. Has elegido el camino correcto. No tengas miedo y comparte. Tú puedes.

Si tienes cosas buenas que decir, los demás te seguirán con mucho interés y también te apoyarán para que sigas haciéndolo. Tú les ayudarás, aportarás conocimiento y valor.

Esta serie de recomendaciones pueden ayudarte a liderar compartiendo en LinkedIn:

---

[34] http://mammu.lv/
[35] http://agualimpia.mx/
[36] http://uburyo.sourceforge.net/
[37] http://equal-for-all.com/fr/
[38] http://www.toms.com/marketplace
[39] http://www.u-tt.com/officePhilosophy.html
[40] http://barriosorquestados.blogspot.com.es/
[41] http://www.youtube.com/watch?v=6UCuWxWiMaQ
[42] http://www.ted.com/talks/toby_eccles_invest_in_social_change.html
[43] http://hbr.org/2011/01/the-big-idea-creating-shared-value
[44] http://www.ted.com/talks/jessica_jackley_poverty_money_and_love.html
[45] http://blog.LinkedIn.com/2014/01/15/the-LinkedIn-volunteer-marketplace-connecting-professionals-to-nonprofit-volunteer-opportunities/
[46] HOFFMAN R. & CASNOCHA B., *El mejor negocio eres TÚ. Adáptate al futuro, invierte en ti mismo e impulsa tu carrera*, editorial Conecta. 2012, Conclusión: p.206

- Evita las barreras organizacionales; todo el mundo es "linkedeable".
- El contenido es la moneda de cambio; si encuentras información de valor, se el primero (la primera) en compartirla.
- Entiende las relaciones comerciales de hoy, en términos de ayuda al cliente. El éxito de la persona o compañía a la que has ayudado, es tu éxito por defecto.
- Convence a las personas para que salgan de su "zona de confort", den el salto, confíen, compartan y por supuesto, para que estén en *LinkedIn*.
- Involucra a tu empresa de forma estratégica, en algún proyecto que aporte beneficio social o ambiental, además del puramente económico. Esto fortalecerá el engagement con tus clientes, empleados y el resto de stakeholders claves. Puede ser totalmente rentable, viable y sostenible en el tiempo, y generará además un impacto social positivo.
- Crea subgrupos a partir de tu grupo matriz, sobre temas sociales y ambientales que aún no están resueltos, y que necesitan de una perspectiva novedosa para encontrar una solución positiva.
- Empuja, convence, lucha contra corriente. N. Mandela dijo: "Todo parece imposible, hasta que se hace".

Liderar es compartir.
Espero haberte ayudado a entenderlo. Nos vemos en LinkedIn.

"When I open my eyes in the morning", said Collin Wilson, "I am not confronted by the world, but by a million possible worlds". It is always our choice. Which world do we want to see today? Opportunity is life´s gold. It´s all you need to be happy."[47]

Ana Fragua González, Madrid, 24 de enero de 2014.

---

[47] S. CHANDLER. 100 Ways to motivate Yourself. Career Press, Inc. USA. 2012. Cap. 7

CAPÍTULO 9

Por Rocío López Pérez
http://es.LinkedIn.com/in/rociolopezsevillaelearning/

BIOGRAFÍA

Rocío López es la fundadora del grupo Sevilla Finances Leadership y subgrupo Málaga Finances Leadership en LinkedIn. Su misión de carrera profesional se bifurca en dos grandes ejes. El primer de ellos enfocado en liderar en el sector de e-learning para un amplio número de Ejecutivos tanto de PYMES como de Grandes Empresas, para Empresarios y Alta Dirección. Realizando Formación, Diseño y Gestión de cursos e-learning, b-learning; así como siendo soporte y ayuda para empresas y profesionales en el uso de las Nuevas Tecnologías como medio para mejorar su rentabilidad.

El segundo eje de actuación consiste en la colaboración profesional a empresas de distintos sectores en materias económico-financieras, sistemas de dirección y de información para el control económico del negocio. Y es a través de la consultora Areca Gestión (www.arecagestion.com) que desarrolla esta profesión.

Española, licenciada en Matemáticas por la Universidad de Sevilla, realizó Executive MBA en el Instituto Internacional San Telmo en la promoción de Enero 2004; obtuvo el grado de Doctora en Administración y Dirección de empresas en la Universidad Pablo Olavide de Sevilla en el año 2011 y título de Master Universitario en Educación y Nuevas Tecnologías por la Universidad a Distancia de Madrid en el año 2013.

Desarrolla su labor docente en el ámbito empresarial en el Instituto Internacional San Telmo (Sevilla) siendo profesora colaboradora del área de Control desde el año 2007. Y en el ámbito universitario, como profesora colaboradora de la Universidad Pablo Olavide de Sevilla y Universidad a Distancia de Madrid.

Rocío empezó su carrera profesional como consultora/auditora especializándose más tarde en el área económico-financiera de la empresa, desarrollando el puesto de Dirección de Administración y Finanzas en empresas de varios sectores (agroalimentario, telecomunicaciones).

En la actualidad compatibiliza su labor docente con el desarrollo de proyectos de consultoría y con su proyecto más ambicioso, su familia.

9. Españoles triunfan en LinkedIn desde Sevilla hasta Bilbao

9.1. Un corcho lleno de Post-it

Paso 1: Ya tienes tu perfil de LinkedIn, extracto perfectamente diseñado, experiencia y formación completados. Incluso alguna recomendación. ¿Y ahora qué?

Mi madre siempre dice que "No solo hay que ser bueno, si no parecerlo".

Tu perfil en LinkedIn es como tu casa, por dentro puedes tenerla ordenada, limpia, preciosa, pero si nadie va a visitarla, no se sabe.

Cierto es que con las búsqueda estratificada tienes más posibilidades de que te localicen... ¿seguro? En LinkedIn somos más de 300 millones de personas!!

Paso 2: Hay soluciones en LinkedIn para que me vean ¡¡Voy a invitarlos a mi casa!! Soy yo la que hago la búsqueda estratificada, con la segmentación de mercado que me interesa y cada día, un objetivo de 10, 20 ó 50 invitaciones nuevas. Les voy a mostrar a todos el buen perfil que tengo... Las personas aceptan tu solicitud de contacto, incluso algunos te dan las gracias y te ofrecen su disponibilidad para una posible colaboración futura. ¿Y ahora qué? Sigues sin mostrar lo bueno/a que eres. Solo muestras el buen perfil que tienes...

Paso 3: Te animas a publicar algo. Lo has decidido, vas a pasar de ser un simple lector a compartir con tu red. Para poder mostrarle a tus contactos y a los contactos de tus contactos lo bueno que eres. Ahora puedes pensar en dos tipos de publicaciones:
(i) Compartir noticias, post o debates de otras personas que te resultan interesantes. Incluso, además de recomendar o compartir, llegas a añadir comentarios dando tu opinión sobre el asunto en cuestión o simplemente diciendo que te gustó mucho.
(ii) Escribiendo tus propios post a través de blog, así consigues que no solo visiten tu perfil, sino también tu página web. O puedes abrir debates nuevos directamente como entrada de LinkedIn.

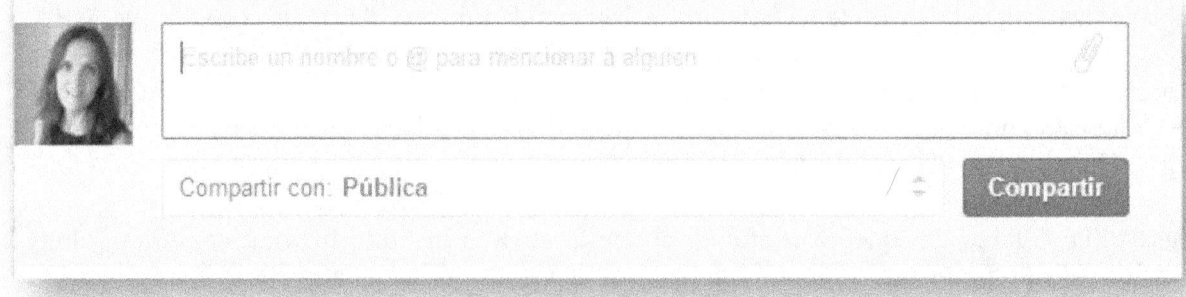

Una vez que has dado a compartir, tu entrada aparece en el panel central ¡¡qué nueva sensación, qué ilusión!!

Pero, y esto depende del número de contactos que tengas, cuando a los pocos minutos vuelves a buscar tu entrada ¿No está? No encuentras la entrada ¿qué ha pasado con ella? Si solo hace 5min sí estaba!!

Se empieza a entristecer tu rostro ... ¡¡te daba tanta alegría ver tu cara en ese panel central!! Y los demás también la veían y ahora no está!!

Busca bien, haz "scroll" hacia abajo.... ¡¡la encontraste!! Lo malo es que en solo 10min hay 10 entradas más recientes que la tuya.

El panel o tablero central de LinkedIn es como un corcho de anuncios. Cada uno de tus contactos puede colgar un cartel, pero inmediatamente llega otro y pincha su anuncio encima, te tapa, no se te ve.

9.2 Tus aliados, los grupos

LinkedIn te da la solución a tu problema de visibilidad, los Grupos.

No voy a contar los aspectos técnicos de cómo buscar un grupo, cómo darse de alta, compartir en un grupo, etc. A través de la ayuda de LinkedIn puedes encontrar respuesta a todas estas preguntas prácticas (http://ayuda.LinkedIn.com/app/answers/list/kw/Grupos).

Quiero comentar, porqué son importantes los grupos y cómo pueden ayudarte.

En la actualidad[48] existen 1.897.656 grupos. Grupos que abarcan todos los sectores, áreas de interés e idiomas.

Los grupos son puntos de encuentro, de intercambio de ideas, espacios finitos donde compartir. El tablero general de los post-it es infinito. Este es un tablero especializado en una temática, en un perfil, en una industria, en una zona geográfica, etc.

El pertenecer a un grupo es como ir a un bar. En mi caso, si uno de mis intereses es la Contabilidad como Herramienta de ayuda a la Gestión, puedo ir a un bar, pedirme una cerveza y ponerme a charlar sola sobre qué importante es tener un buen diseño de Cuadro de Mandos

---

[48] Enero de 2014

(por ejemplo). Seguro que alguien se acerca un ratito a hablar conmigo, otros me oirán de pasada y dirán que es interesante, pero la mayoría de personas no me echarán cuenta. Entre otras cosas, porque hay muchos como yo, hablando solos.

Otra opción es sentarme en una mesa donde sé, por el perfil de personas que hay, que estarán interesados en mi debate. Son CEOs, son Empresarios, son Directivos, que preocupados por la mejora continua de sus empresas le interesa cómo puede ayudarles la Contabilidad en su tarea de dirección. Cierto es que en la mesa el grupo de personas es más reducido que el bar en su totalidad, pero son los que me escucharan, para los que seré visible y a los que podré mostrar, con mis comentarios, debates y recomendaciones que soy buena en mi especialidad.

Y seguramente no te interese unirte a un solo grupo, tus áreas de interés son varias, y tienes un gran abanico donde escoger. Puedes pertenecer hasta a 50 grupos. ¡¡50 mesas en las que debatir, en las que compartir y en las que conversar!!

¿Y si no existe una mesa formada con el perfil que busco? (permitidme que continúe con la metáfora). Pues empiezo una mesa nueva, formo un nuevo grupo. Sin duda será una excelente manera de unir a los perfiles que más me interesan, de segmentar mis contactos con mis propios criterios. Pero también supone una responsabilidad, cada persona invitada al grupo tiene unas expectativas que debes superar ofreciendo debates nuevos, animando a los miembros a iniciar nuevos temas, a compartir sus inquietudes y apoyándolos para que crezca cada uno de ellos y el grupo.

Así es como el 31 de Julio de 2013 fundé el grupo Sevilla Finances Leadership (http://www.LinkedIn.com/groups/Sevilla-Finances-Leadership-5124014/about).

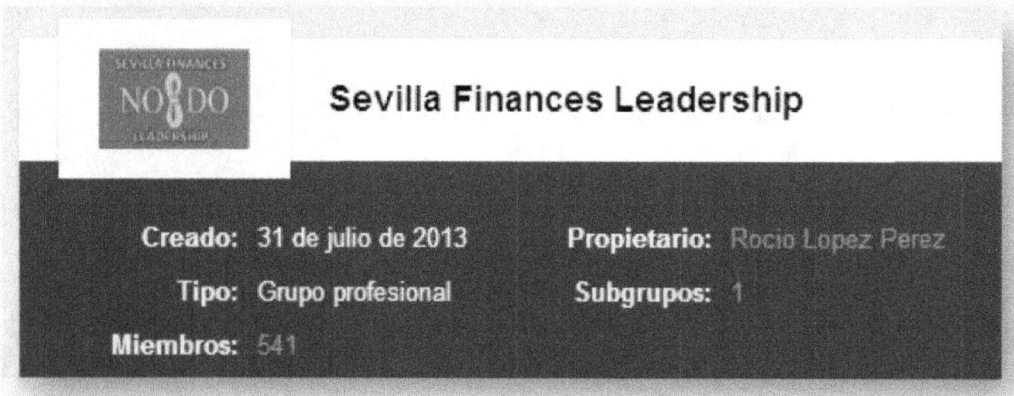

con el objetivo de hablar de gestión de empresas, en particular de la utilización de información económico-financiera por parte de la Dirección para un mejor proceso de toma de decisiones. ¿Cuál es la realidad? Que se habla de muchos temas, Contabilidad y Finanzas, y también Dirección de personas, y Dirección Comercial y Marketing y Liderazgo y Responsabilidad Social y Uso de Redes Sociales Profesionales y Formación y ¡Vinos!. Un abanico de temas que interesan a los 541 miembros. Que al tener perfiles homogéneos hablan el mismo idioma y debaten fluidamente:

Por otro lado, estoy unida y comparto en otros grupos (49 más) y las razones para ello son:
- Se mejora la visibilidad de mi perfil
- Me permite estar en contacto con profesionales de mi misma área o de otras áreas de interés. Para compartir experiencias, para debatir.
- Me facilita ampliar mi capacidad de networking, ya que la mayoría de los grupos, cuando eres miembro, puedes contactar con el resto de miembros aún sin pertenecer a tu red de contactos de nivel 1 o 2.

Mi sugerencia sobre el uso de los grupos:
- Escoge bien a qué grupo pertenecer. El "cupo" de 50 grupos se agota enseguida. Escoge grupos donde se generen nuevos debates con asiduidad, y donde los temas que se tratan te interesen. Donde los participantes pertenezcan a un segmento de personas o profesionales donde te interesa mejorar tu visibilidad.
- Aporta. Sé activo, publica, debate y conversa. Demuestra lo bueno que eres en tu especialidad. En su justa medida, compartir 10 noticias al día de un mismo tema sin ningún comentario o explicación de porqué la compartes no es la mejor táctica para hacerte visible.
- Anímate a comenzar tu propio grupo. Aporta algo nuevo a la red, demuestra tu capacidad de organización y de liderazgo pero... sé constante, si no, mejor no abrirlo.

¡¡Y disfruta!!

Rocío López Pérez, Sevilla, 25 de enero de 2014.

CAPÍTULO 10

Por Álvaro Gobernado
http://es.LinkedIn.com/in/alvarogobernadocontrolgestion/

BIOGRAFÍA

Álvaro Gobernado Tejedor
BUSINESS MANAGER, MANAGEMENT CONTROLS LEADERSHIP, FOUNDER AND CONSULLOR & ADVISER

Gijón y alrededores, España | Consultoría de estrategia y operaciones

Actual: MORISPAIN, S.A., TRIPLE L ACCION, Management Controls Leadership
Anterior: FENA Business School, Adega Ribeira Sacra, FELESA Fabricación de Elevadores S.L.
Educación: IE Business School

más de 500 contactos

Español · es.linkedin.com/in/alvarogobernadocontrolgestion/ · Información de contacto

Álvaro Gobernado es un referente en Control de Gestión, Management, análisis y apoyo a empresas CEOs y Consejos de Administración. Lidera las marcas Management Controls Leadership, PYMES Controls Leadership, Senior Management Leadership, Food & Beverage Spanish Leadership, Elevators Spanish Leadership en LinkedIn.

Nacido en España y con 42 años, Ingeniero Industrial especialidad en Electrónica y Automática, Advanced Management por el IE Business School, Plan Financiero por el IE Business School, Estrategia Corporativa por ESIC Business School, Corporate Finance por el IE Business School forman parte de su amplia formación académica.

Antes de la actual experiencia, como atalaya desde la que atiende a las compañías, desarrolló la carrera profesional en 1995 como Director Técnico, Controller, hasta llegar a la Director General y Consejero alcanzando un gran reconocimiento en el sector de la elevación tras dieciséis años con un nivel de desempeño que le permitía liderar el impresionante desarrollo de Ascensores Zener, forma parte de Consejos de Administración multisectoriales como parte de la actividad que comenzó a realizar desde Triple L Acción desde el año 2011 y amplía, en la actualidad, su actividad como Director de Negocio en el sector de la fabricación de componentes de elevación en la compañía Morispain.

Como CEO y fundador de Management Controls Leadership añade valor de forma única que consiste en mostrar el camino para la optimización de la gestión y trabajar conjuntamente con el cliente para aplicarlo. Destaca por su profundo conocimiento de las Pymes y sus problemáticas en sectores industriales, distribución, alimentación y de servicios empresariales. Por ello ha podido desarrollar actividades en el área de Administración y Finanzas, mediante la organización, supervisión y dirección; Área Comercial, mediante la dirección y supervisión de equipos, planificación estratégica y mercado exterior y Área de Dirección, desarrollando procesos de adquisiciones de compañías, fusiones y aperturas de nuevas delegaciones.

Con un *leit motiv* profesional siempre caracterizado por conseguir poner en práctica las mejores soluciones dentro de las compañías para la mejora y no ser un semillero de ideas sobre buenas prácticas. Su habitual inconformismo y su visión 360º, abanderados por su formación y experiencia multidisciplinar, determinan el ENFOQUE GLOBAL en las compañías para las que colabora.

10. Adjunto al CEO es el nuevo puesto de trabajo del LinkedIneador

10.1. David y su particular Goliat.

Era uno de esos días en los que el otoño empezaba a mostrarse, aún no había amanecido pero David tenía que atender una cita a las ocho y todavía le quedaban bastantes kilómetros hasta su destino. David es un gran profesional con una dilatada experiencia trabajando en las pequeñas y medianas empresas de nuestro país. Había sido llamado a una entrevista con una empresa que quería reconducir su estrategia de comercialización.

A su llegada a la sede de la compañía fue recibido por su Director General, un hombre de aspecto bonachón, por momentos parecía que llevase allí toda la vida. Era un claro ejemplo de un hombre hecho a sí mismo. Sin más formalismo que un apretón de manos se encontraban en el despacho de dirección. La sobriedad del mobiliario, así como su evidente antigüedad, contrastaban con un impecable ordenador con una pantalla de grandes dimensiones que sobresalía en aquel despacho. David desechó sus pensamientos iniciales y empezó a considerar que plantear conceptos de vanguardia sería algo factible. En un abrir y cerrar de ojos sus ilusiones se desvanecieron. Los dedos índices del Director empezaron a impactar con un lento discurrir sobre el teclado. Por momentos, David, se imaginaba al ratón con ojos y expresión de pena; como pidiendo ayuda. Sin dar más tiempo a que la imaginación de David recreara más ilusiones, el Director llamó la atención de David sobre la pantalla del ordenador. El Director le mostraba la página web de la empresa mientras le detallaba los productos y servicios que en esa empresa se ofrecían a los clientes. Era una web con una construcción bastante profesional y presentaba una atractiva fusión entre lo industrial y lo tecnológico.

David y su cliente comenzaron a visitar las instalaciones de la empresa. El Director disfrutaba explicando los pormenores de cada sección y las bondades de su producto. David comenzaba a pensar que ya tenía una primera imagen, suficiente para mantener una conversación con el Director sobre la problemática comercial.

De vuelta en el despacho David intuía que debía asegurarse de mantener una atención del Director exenta de cualquier distracción. Así, le invitó a sentarse en el lado de la mesa que ocupaba David. Una vez allí, giró la pantalla, acercó el teclado y el ratón a su lado. Iba a comenzar el interrogatorio. A David le gusta preguntar mucho y bien.

"Dime el nombre de tu principal competidor en la zona, el nombre de la empresa nº1 en tu sector y el nombre de una empresa a la que te gustaría parecerte de otro sector distinto al tuyo". Los ojos del Director mostraban cierta complacencia y, sin lugar a dudas, identificó las tres empresas que cumplían con los criterios indicados por David. Casi acariciando las teclas, David abrió tres ventanas del navegador en la pantalla. Cada una de ellas mostraba la página web de cada empresa elegida. En la parte superior se mostraban, en paralelo, las de su sector y al pie la de la empresa envidiada de otro sector.

"¿Crees que las páginas de arriba son más adecuadas para los clientes que la tuya?" Preguntó David al Director. Este respondió con una rotunda negación. "En cambio, ¿qué te gustaría implementar del modelo de la empresa de abajo?". Después de pensar unos segundos dijo: "La verdad es que no envidio nada". Estas respuestas llevaron a David a asegurar lo siguiente: "Si las páginas web que tenemos aquí no aportan nada mejor que la tuya, entonces, por aquí no tienes que hacer nada. Sin embargo no estás obteniendo la repercusión necesaria en tus ventas". "Si esta problemática la plantearas en otro entorno tendrías respuestas que hablarían del posicionamiento de tu web, de complementar herramientas para promocionarte en los buscadores, disponer de una adecuada analítica web, etc. Puede que todo esto te suene extraño y en cualquier caso debería complementarse con muchas otras cosas. Ahora te voy a mostrar algo que tienes al alcance de tu mano pero que no conoces, se llama LinkedIn." Al Director se le iluminaron los ojos y, sin dar tiempo a que David articulara más palabras, le espetó: "Sí, yo sé lo que es eso. Me hice un perfil en ese sitio". Sin dar más oportunidades al Director, David le replicó: "Ya lo sé. Creaste el perfil en abril del año 2011, aproximadamente. No tienes actualizaciones, tienes dos contactos y tu perfil no pone nada más que tu nombre y el de tu empresa. La empresa no tiene página en LinkedIn. Es decir, no existes para la red profesional más grande del mundo. Ahora hagamos la prueba con las empresas que antes has destacado."

Bastaron unos minutos para que David demostrara al Director de la amplia presencia que tenían sus competidores y para colmo, la actividad de estas en LinkedIn aparecía en los primeros lugares en los buscadores. ¡Incluso antes que sus propias páginas!

10.2 La cruda realidad del camino más corto

Habían pasado varios días desde aquel encuentro entre David y el Director de la compañía que le había llamado. Supongo que David, por su experiencia, intuía lo que ocurriría. No hizo falta que se acabara la semana, cuando el teléfono de David recibió la llamada del Director. Desde su despacho, David escuchaba atentamente los progresos que había realizado el Director incorporando la presencia de su empresa en LinkedIn. David esbozaba una sonrisa mientras escuchaba. Cuando el Director acabó de transmitir sus avances a David, la respuesta de éste fue un seco "Sigue así, aparte de que no conseguirás nada refrendarás la pobre imagen de ti y tu empresa en la red profesional más importante del mundo". No sé qué cara pondría el Director, pero estoy seguro que no le gustó nada la aseveración de David.

La semana siguiente empezó con una, nueva, entrevista de David con el Director. Éste quería explicaciones. David, sin permitir algún tipo de debate le dijo: "Tú me llamaste para mejorar tu estrategia de comercialización, yo te hablé de una herramienta fundamental en el mundo de la empresa hoy. Tomaste la vía directa y actualizaste tu perfil y creaste la página de tu empresa en LinkedIn. Ya tienes más que muchos pero estás muy lejos de los mejores, de tu competencia."

David estaba seguro que sus últimas palabras no estaban siendo entendidas por el Director. Se imaginaba los pensamientos de éste dado que la expresión de su cara indicaba confusión. En pocos segundos, el Director, empezó a repasar con David todos sus interrogantes: "Vamos a ver; si yo dispongo de un adecuado perfil en LinkedIn, si la empresa tiene su página, es evidente que estoy al mismo nivel que las empresas a las que me quiero comparar y mis ventas no se benefician de ello. No veo la utilidad de la herramienta". En esto el Director tenía razón, más allá de haber mejorado su presencia en la red no había nada más.

Era el momento de avanzar, David propuso al Director que le dejara una semana para actuar sobre la página de la empresa y el perfil del Director. Quedaron en verse tras ese tiempo.

El Director estaba impaciente, había prometido a David que mientras no volvieran a verse no realizaría visitas a LinkedIn. En esa semana, David se dedicó mejorar la actividad de la empresa en la red. Habían quedado a primera hora de la mañana de lunes. David empezó la reunión mostrando los cambios que había realizado. Casi todo estaba diferente, lo único que seguía igual era la foto del Director. Ya no aparecía el correo electrónico de su empresa, había sido sustituido por otro. Su extracto profesional estaba muy detallado y estructurado, aparecían enlaces a la actividad que desarrollaba y a otras de su sector, etc. Sin saber cómo, el perfil reflejaba, ahora, 500 + en su número de contactos. Antes de que el Director hiciese algún comentario, David le mostró el nuevo aspecto de la página de empresa. En ella aparecía detallados los productos y servicios aunque había un detalle que llamó la atención del Director. La página ya no se llamaba con el nombre de su empresa. David, a pesar de la cara de sorpresa del Director, prosiguió diciendo: "Mira en el buzón de tu correo electrónico acabo de reenviarte el resultado de la actividad de tu perfil durante esta semana". En cuestión de segundos empezaron a llegar al correo del Director cientos de correos de un extraño remitente. El misterioso remitente utilizaba el nombre del director asociado a LinkedIn. Con un aplastante "Eso es parte de lo que LinkedIn puede hacer por ti", David invitó al Director a reflexionar. Pasaron unos minutos mientras el Director repasaba aquella infinidad de comunicaciones, en varias de ellas le solicitaban información y contacto sobre productos de su empresa. El Director alternaba la atención sobre la pantalla con miradas incrédulas sobre David.

En poco tiempo, David había conseguido mostrar una pequeña parte del potencial de LinkedIn al Director, del potencial como herramienta estratégica dentro de la compañía.

Con el paso del tiempo, David mantuvo su presencia junto al Director ampliando y adecuando el uso de LinkedIn en aquella empresa. No lo tuvo fácil, a pesar de los buenos resultados que cosechó en una semana. David necesitó esforzarse mucho para trasladar conceptos relativos a la profundidad de red en los contactos de segundo nivel, el Director parecía ser un mero coleccionador de contactos de primer nivel. David tuvo que sacarle de su error. A pesar de ello consiguió que el Director fuese más selectivo en la calidad de sus contactos. Poco a poco se fueron incorporando o adaptando los perfiles de otras personas claves dentro de la empresa que aumentarán la actividad relacionada con la empresa. La actividad de la empresa crecía en interacciones y participación con su público objetivo. Además, sus productos y servicios empezaban a acumular recomendaciones.

Pasaron un par de meses en los que la empresa debía proseguir con su actividad en LinkedIn, y desde algún sitio David estaba monitorizando lo que hacían.

Se encontraban, de nuevo, sentados el Director y David en aquel despacho con cierto aroma a rancio. David interrogó al Director por los progresos en la actividad comercial y cómo se había visto mejorada por la presencia de la empresa en LinkedIn. El Director reconoció que, al principio, la cuestión fue mejorando pero que habían llegado al límite de explotación de la herramienta. David externalizó una sonrisa cuya finalidad era que fuese percibida como mofa hacia el Director pero David quiso enfatizar más su intención: "De verdad, ¿creíste en algún momento, que por realizar una actividad determinada en LinkedIn tus ventas aumentarían sin más? Me asombra ver como una persona como tú puede ser deslumbrada por un poquito de habilidad. A pesar de tus progresos sigues formando parte de la inmensa mayoría que se pierden la potencia que tiene LinkedIn. Yo te mandé a un campo de batalla, desde el principio estuviste disparando con toda tu artillería, luego te sentaste a esperar y sigues esperando. A tu alrededor, tu competencia, sigue trabajando, sigue participando y creando grupos, establece sinergias con otras compañías, y aumenta su valor como referente en tu sector."

10.3 La alternativa.

Hoy en día, las pequeñas y medianas empresas de nuestro país están centradas en la supervivencia dentro las dificultades generales. Por desgracia, no están acostumbradas a buscar alternativas que no consideren tradicionales y LinkedIn no suele entrar en sus parámetros como alternativa tradicional. Para aquellas empresas que consiguen soltar ese lastre se les abre un mundo de oportunidades. LinkedIn es inmenso, y por tanto su potencialidad supera con creces la capacidad de muchos para gestionarlo. Como todo aquello que tiene envergadura requiere método, esfuerzo y precisión. Sin ellos no hay nada que hacer.

Es fácil que todo el mundo entienda que una simple presencia en la red no te ayuda a nada, incluso te puede perjudicar. Así mismo, una gran parte puede entender que el perfil tiene que ser reflejo de uno mismo, y por tanto, mostrar el dinamismo de la actividad que cada uno realiza. No puede ser estático.

En las pequeñas y medianas empresas, sus máximos responsables, tienen un gran conocimiento sobre su negocio, sobre lo que venden, sobre lo que fabrican; y en eso deben concentrar sus esfuerzos. Con frecuencia, damos por bueno que un Director General debe estar acompañado de un Director Financiero para el mejor gobierno de la empresa. Aceptamos que la visión lateral complementa a la central.

En paralelo las empresas tienen a su disposición una herramienta que proporciona frutos en relación directa a la dedicación que sobre ella realicen. Por eso cuando no se hacen bien las cosas no se obtiene nada. Las empresas deben abrir sus ventanas, las de los despachos rancios también. Tienen que adoptar una posición dinámica, LinkedIn permite aumentar el conocimiento pero también divulgarlo. En ese momento las opciones se automultiplican y se comienza a caminar para alcanzar el liderazgo que cada uno, cada empresa, busca.

Es por ello que las figuras claves en las empresas deben actualizarse, pero no para mejorar solo ellos sino para aprender a convivir con la figura clave del LinkedIneador.

Todos hemos podido ver como nuestro mercado tradicional ha cambiado, no se vende como antes, no se compra como antes, no se financia como antes. Las empresas están tratando de mejorar la capacitación en áreas financieras y de gestión. Esas van con mucho retraso. En un momento en el que, a juicio de los expertos, hemos salido de la recesión desde el punto de vista técnico; en el que nos empezamos a creer que se puede volver a crecer; las empresas, ¿volverán a dejar pasar la oportunidad?

Los CEOs, Directores Generales y demás que antaño debían estar caracterizados por una suerte de superpoderes; hoy deben ser los líderes de un equipo donde debe jugar un papel clave la manera de trabajar con LinkedIn. La mera presencia en la red ha pasado a ser una desventaja, no vale con estar hay que trabajar de una manera diferente.

A ti, CEO, que has dedicado tiempo en aprender conceptos financieros durante esta crisis ya sabes lo que es el retorno de una inversión. Empieza por calcular el ROI que supondría LinkedIn en tu empresa.

Ahora solo te falta pensar en que rodearte de personas, en tu organización, capaces de hacer lo que tú dices debes cambiarlo por rodearte de personas capaces de orientar el desarrollo de tu compañía hacia lo que debes hacer. LinkedIn es una de ellas y no debes dejarla escapar. Tú futuro y el de tu empresa está en lo que empieces a hacer hoy.

De esta manera, y si eres capaz de anticiparte, a tu lado tiene que haber un LinkedIneador que sabrá que:

1. Ganar requiere mucho más que tener un buen producto
2. Si no te avergüenzas de tu primer producto, es que lo lanzaste muy tarde
3. Un equipo necesita un ciclo de aprendizaje rápido
4. Hay que tomar "riesgos inteligentes"
5. Hay que tener un Plan Z
6. Tener un gran objetivo
7. Los empresarios tienen ser flexibles
8. Elaborar un buen Consejo
9. Plan de buena suerte y plan de mala suerte
10. Las normas se pueden romper

Álvaro Gobernado, Asturias, 28 de enero de 2014.

CAPÍTULO 11

Por Carlos J. Pampliega
http://www.LinkedIn.com/in/carlospampliegacastillaleaders

BIOGRAFÍA

Nacido en Las Palmas de Gran Canaria en 1977. Estudia en la Escuela de Arquitectura de la Universidad de Valladolid entre 1995 y 2001, especializándose en la Restauración Arquitectónica cursando el Master en Restauración Arquitectónica en 2003.

En 2003 funda, junto con Luis Sanz Salinero, SALINERO PAMPLIEGA Arquitectos, orientando sus trabajos al diseño y construcción. Entre 2004-2006 compatibiliza el ejercicio práctico de la Arquitectura con la investigación teórica cursando el programa de Doctorado. Título Suficiencia Investigadora Sobresaliente con el Título: "Juan Navarro Baldeweg: El espacio de significación en la fenomenología".

Es Certificado Project Management Professional, (PMP®) por el Project Management Institute, especializándose en la Dirección y Gestión de Proyectos. Como voluntario activo de PMI-Madrid Spain Chapter, ha colaborado en la creación del PMI Castilla y León Branch, con la misión de difundir la Dirección de Proyectos en esta región.

Respondiendo a un cambio un cambio estratégico en la oferta de servicios, en 2013 desarrollan el spin-off SALINERO PAMPLIEGA Project Management. Especialista en Análisis y Gestión de Riesgos por la George Washington University – ESI International, realiza labores de consultoría en la optimización de Activos Inmobiliarios.

Co-fundador y Editor de PMIdeas, un espacio de colaboración y difusión de conocimientos y herramientas sobre Project Management.

La experiencia técnica adquirida como Arquitecto, le ha facilitado desarrollar habilidades de comunicación, liderazgo y desarrollo de equipos, que complementan el perfil de Project Manager demandado por las empresas. Ha demostrado este compromiso entre conocimientos técnicos y habilidades de gestión, en la consecución exitosa de los proyectos dirigidos, trasladando su experiencia en la construcción a otros ámbitos y sectores de innovación.

Fundador de Castilla y León Business Leadership. La misión de este grupo es la de ayudar a las organizaciones y profesionales a implementar y desarrollar sus proyectos, respondiendo a los retos de desarrollo y expansión de las empresas con una gran visión estratégica. Su objetivo es convertirse en un referente en el ámbito de Castilla y León relacionado con la Dirección de Proyectos, la Gestión y el Liderazgo Empresarial.

11. Desarrollar el liderazgo en el mercado interno nuestro reto 2014. La influencia de las redes en el desarrollo interno de las regiones: El ejemplo de Silicon Valley.

11.1. Desarrollo Interno. Mysteries in the Air.

The mysteries of the trade become no mysteries; but are as it were in the air.

Alfred Marshall
Principles of Economics, 1890

Por qué unas regiones favorecen el desarrollo interno de sus empresas y el éxito de sus profesionales es una cuestión que muchos dirigentes se preguntan al intentar replicar casos de éxito como el de Silicon Valley al sur de San Francisco.

El ejemplo de desarrollo interno en la región de Silicon Valley es característico de lo que a nivel particular influye en el éxito profesional de las personas. Varios autores definen los factores sobre los que se apoya el éxito profesional en: conocimiento, personalidad, y principalmente, el capital social o cómo te relacionas con otras personas.

El ecosistema de relaciones personales que sostiene Silicon Valley desde sus inicios, es su aspecto diferenciador; y LinkedIn traslada este ecosistema a nivel global, mejor de lo que lo han hecho otros centros de negocios o *clusters* tecnológicos.

11.2. El ejemplo de Silicon Valley. Lo importante es su capital social.

La denominación Silicon Valley comprende un área geográfica al sur de San Francisco, asociada a las ciudades de Palo Alto y Menlo Park y parte del Valle de Santa Clara. Se trataba de una zona agrícola donde la familia Stanford fundó su famosa universidad en 1891. Tras la Segunda Guerra Mundial, la universidad recibió una gran inversión pública para el desarrollo de tecnología militar, lo que favoreció el nacimiento en la región de una importante industria tecnológica que se nutría del elevado conocimiento tecnológico que suponía la universidad.

A partir de entonces, el capital riesgo reemplazó al gobierno como fuente de financiación. La Universidad de Standford, con su rector Frederick Terman a la cabeza, se centró cada vez más en su relación con las empresas y la industria local. Para ello, se crearon el Standford Reserch Institute y el Standford Industrial Park, con el objetivo de colaborar con las empresas en la investigación y desarrollo tecnológicos. Tras alentar a los departamentos de ciencias e ingeniería para que trabajaran juntos, vinculándolos a empresas locales, y centrando la investigación en las necesidades de la industria, creó una cultura de cooperación e intercambio de información que desde entonces ha definido la región.

Terman, quien en ocasiones es considerado como el "padre de Silicon Valley", había convertido la escuela de ingeniería en ciernes de Stanford en un motor de innovación, a base de relacionar personalmente a ingenieros y empresarios.

Este nuevo foco de información atrajo a la región a otras universidades, como Berkeley, convirtiéndose en otro centro generador de innovaciones, que en los años 70 ya tenía el mismo número de ingenieros electrónicos que Stanford o el MIT, en la costa este.

Desde entonces, este modelo de éxito se intenta replicar en distintos lugares, siempre con la misma fórmula: seleccionar una industria popular, construir un parque científico junto a una universidad de investigación, proporcionar subsidios e incentivos para que ciertas industrias elegidas se ubicasen allí y crear una reserva de capital de riesgo. **Sin embargo, la fórmula del éxito del "valle del silicio" no funciona en otros lugares.**

La profesora Anna Lee Saxenian descubre la clave en su libro *Culture and Competition in Silicon Valley*, y compara el éxito de Silicon Valley con el centro tecnológico que ya existía previamente en Boston, en la llamada Ruta 128 que rodea la ciudad.

Saxenian destaca que hasta la década de los 70, Boston estaba muy por delante de Silicon Valley en cuanto a actividad de start-ups e inversiones de capital de riesgo. Ambas regiones habían generado un ecosistema de grandes y pequeñas empresas de alta tecnología que se nutrían del conocimiento de universidades de calidad, y poseían la financiación y los inversores para seguir creciendo. Sin embargo, a partir de los 90, Silicon Valley sobrepasó al centro tecnológico de la costa este.

Las razones de la ventaja de Silicon Valley están relacionadas con su **capital social**: la facilidad de intercambio de información a través de redes informales. Este ecosistema fomentado originalmente por Terman apoya la experimentación, la toma de riesgos y el intercambio de lecciones de éxito y fracaso. Las empresas entienden que colaborar y competir a la vez genera mayor número de oportunidades.

Analizar la importancia del capital social y la posición que ocupan ciertas personas dentro de una red de contactos, nos ayuda a entender cómo es el flujo de información y el grado de conexión entre los miembros de dicha red. La razón para prestar especial atención a estas redes profesionales está en el valor que nos aporta como profesionales y para nuestra empresa. Podemos definir el valor de este capital social como el conjunto de recursos disponibles para nosotros a través de nuestra red de contactos. Siguiendo con la primera reflexión sobre el éxito profesional, es precisamente este capital social la clave del éxito.

Las empresas de Silicon Valley comprenden el valor que pueden obtener del capital social de sus propios empleados. Aquellas personas que son capaces de proporcionar conexiones ante vacíos estructurales en la organización, generan valor y son las más valoradas por las empresas. Dentro de un grupo o red, como puede ser en el ámbito profesional LinkedIn, aquellas personas que cuentan con un gran número de buenos contactos son valoradas por el resto como "conectores" a través de los que fluye la información. En el caso de Silicon Valley, ya hemos visto que F. Terman hacía de conector de toda esta red. También lo eran Gordon Moore o Robert Noyce, quienes fundaron más tarde Intel gracias a sus posiciones privilegiadas en esa red tras su paso por Fairchild Semiconductor.

En otras palabras, Silicon Valley es una red social gigante del mundo real, un sistema abierto del mismo modo en que LinkedIn entiende las relaciones profesionales hoy en día en el entorno 2.0.

11.3. "La Mafia de PayPal"

Si pasamos del ecosistema al ejemplo concreto, Reid Hoffman, cofundador de LinkedIn, nos descubre en su libro *El mejor negocio eres Tú*, cómo la relación con sus antiguos compañeros de trabajo en PayPal le abrió un gran número de oportunidades, incluida la creación de

LinkedIn. Hoffman y el resto de antiguos compañeros colaboraban en sus proyectos particulares, compartían información de interés e invertían en las start-ups, dando como resultado un grupo que comenzó a ser conocido como la "Mafia de PayPal". Como resultado de estas colaboraciones nacieron empresas como LinkedIn, Facebook, YouTube, Tesla, etc.

Podemos afirmar que los misterios que flotan en el aire de Silicon Valley radican en las características de esta red de contactos y las oportunidades de negocio que generan: **Personas de gran valor, con intereses comunes y un espíritu de cooperación concentrado en una región específica.**

Al compartir intereses, valores y experiencias comunes, (la mayoría de los socios de Hoffman coincidieron trabajando en PayPal), se genera un clima de confianza que facilita el flujo de información y oportunidades. Asimismo, las relaciones personales entre los directivos de las compañías ayudan a mantener la confianza entre las organizaciones, facilitando las transacciones y contratos.

Existe un fuerte espíritu de **cooperación y participación**. La característica diferenciadora entre las empresas tecnológicas del entorno de Boston, y aquellas que se alojaron en Silicon Valley a mediados de los 80, radica en que éstas últimas compartían la información con los demás, incluso con sus competidores.

Densidad y cercanía. La colaboración se realiza especialmente bien en un entorno físico limitado. Anne Lorentzen, en su artículo *Las redes de conocimiento en el espacio*, sobre su influencia en los sistemas regionales de innovación, explica cómo las redes mundiales de conocimiento se pueden mantener unidas a través de las nuevas tecnologías de comunicación, especialmente gracias a la web 2.0.

El término "web 2.0", que fue utilizado por primera vez por Darcy Dinucci en 1999, define el cambio que ha sufrido la web desde las pantallas estáticas, a ser considerada como un mecanismo de transporte de información, el éter a través del cual pasa la interactividad. LinkedIn es el mejor ejemplo de esta interactividad.

11.4. La Web 2.0 y LinkedIn generan un nuevo ecosistema: e-networking

LinkedIn desarrolla una inteligencia de negocios basada en el valor de sus miembros, y la mezcla de experiencia, sabiduría y actitud positiva y colaborativa que aportan, creando una ecología del conocimiento en la que éste fluya.

Gracias a la interactividad que facilita la web 2.0, LinkedIn ofrece una combinación de servicios de Internet y networking. Bill Gates predijo el nacimiento del e-networking en este sentido: *"Las compañías inteligentes combinarán servicios de internet y el contacto personal en programas que darán sus clientes el beneficio de ambos tipos de interacción"*.

De esta forma, LinkedIn como red de inteligencia de negocios se acerca a las características que se dan en Silicon Valley, rompiendo barreras y acercando a los profesionales. La cercanía geográfica se suple con tecnología, y la confianza se genera por el boca a boca y las recomendaciones en línea de tu perfil y servicios de tu empresa. Los clientes se fían más de la recomendación de un cliente satisfecho, que de la inversión que pueda hacer una compañía en publicidad.

A diario se crean en LinkedIn grupos según sectores e intereses comunes, que no deben ser vistos como un espacio de competencia, sino para compartir información de valor. Existen también grupos de LinkedIn respecto a un área geográfica como aglutinador de los profesionales de esa región con sinergias comunes. Entre los miembros de un grupo se establece una proximidad societaria, un mecanismo de identificación con el grupo que motiva a los actores a unir esfuerzos y a comunicarse. Pertenecer a una red de contactos o un grupo de LinkedIn genera un grado de confianza entre sus miembros, compartiendo información valiosa que vincula y genera lealtad.

La prueba de que LinkedIn entiende como ninguna otra red social la importancia del capital social y nuestra posición como nodo dentro de la red, es la atención especial que da al segundo nivel de contactos. Los contactos de mis contactos están conectados de una forma cercana, mediante un contacto común. Este contacto directo común es precisamente la clave para generar confianza en la nueva relación. Jan Vermeiren, experto consultor en LinkedIn, lo explica en su práctica del Magic Mail y la forma de solicitar presentaciones a los contactos de segundo nivel.

La **densidad y la masa crítica** que se precisa para construir una red de colaboración está garantizada ya que LinkedIn es la red de negocios más grande del mundo, con más de 300 millones de usuarios, tal y como explica el título de este libro. A través de LinkedIn podemos encontrar sinergias en un sector concreto o industria particular. Las empresas que tengan visión, serán capaces de utilizar el e-networking para encontrar esas sinergias con proveedores y clientes, fomentar vínculos y mantener la lealtad a sus servicios y productos. Atrás quedó el spam y la publicidad 1.0.

11.5. El éter por el que fluye la información

La frase de Marshall acerca de los misterios en el aire se convierte en imagen varias veces en artículos sobre Silicon Valley. Como Saxenian ha mostrado, hay un extraordinario nivel de conocimiento en el aire, al alcance de todos los que trabajan en el Valle, y esto es así gracias principalmente a la interacción humana dentro en un espacio localizado.

Con la web 2.0, y especialmente en el plano profesional a través de LinkedIn, podemos hablar de la "muerte de la distancia" o una nueva lógica espacial, en la que la sociedad se organiza en torno a flujos de información. Castells denomina a este fenómeno "**espacio de los flujos**", en su artículo *Technopoles of the World: The Making of 21st Century Industrial Complexes.*

LinkedIn es ese espacio de flujos, en la medida en que se ha convertido en una ecología del conocimiento. Como el misterio que flotaba en el aire de Silicon Valley, es el éter por el que empresas y profesionales comparten conocimiento.

Carlos J. Pampliega, Burgos, 21 de enero de 2014

CAPÍTULO 12

Por Andoni Gartzia

http://www.LinkedIn.com/in/andonigartziabasquetechhublead

BIOGRAFÍA

Andoni Gartzia es el fundador de http://www.LinkedIn.com/company/basque-tech-hub-leadership que él mismo define como un punto de encuentro o eje en el área de Mondragón y el País Vasco con el fin de expandir la señal a todos en el mundo de los negocios, la tecnología y la innovación.

Si con hierro y carbón hemos forjado nuestra historia, con educación, conocimiento, innovación y emprendimiento estamos edificando nuestro futuro.

Somos una comunidad de emprendedores de alto impacto, ejecutivos, técnicos comprometidos socialmente responsables y personas con una gran vocación social con la misión de que la tecnología y la innovación puedan ayudar a repensar, rediseñar y reconstruir el desarrollo social y económico a través de la puesta en práctica de modelos de negocio sostenibles, sociales, ampliables y replicables.

Basque Tech Hub es un ecosistema óptimo para la circulación del conocimiento, la innovación y el desarrollo. Nuestro know-how está vinculado a la transferencia de conocimientos entre los agentes, un punto de encuentro donde la iniciativa empresarial es promovida a nivel internacional.

Nuestros Objetivos:

- ✓ Construir ecosistemas humanos mediante el uso del espíritu empresarial, el networking y los valores, apoyados por una inteligente tecnología.
- ✓ *Inter-co-nexionar* personas con una inteligente construcción de una red de contactos, utilizando el espíritu empresarial la tecnología y los valores humanos
- ✓ Crear y transferir conocimientos
- ✓ Crear Riqueza socialmente equilibrada
- ✓ Tecnología e Innovación, Modelos de negocio de alto impacto social, relacionando tecnologías emergentes y necesidades sociales.

12. Expandir tus actividades profesionales al network, la carrera del presente

12.1. Moviéndonos en nuevos escenarios

En los momentos actuales, la incertidumbre es prácticamente la única certidumbre cuando intentamos construir nuestro futuro. Es por ello que admito que no estamos viviendo en época de cambios, sino que estamos en un cambio de época.

Los grandes retos globales a los que nos enfrentamos, como el progreso, el envejecimiento, nuestro planeta, la raza humana y su sostenibilidad y tantos otros, nos plantean grandes desafíos a los que plantarles cara. Y para ello contamos con recursos y capacidades (entre otros) como son las **PERSONAS** (su educación y su talento), la **CONECTIVIDAD** (redes + sentido pertenencia) y la **INNOVACIÓN** (tecnología y mejora al servicio del bien social).

La complejidad emergente no dejará de ser un proceso evolutivo, es por ello que para edificar nuestro futuro debemos trabajar para manejar inteligentemente la incertidumbre, ya que nuestro OBJETIVO como sociedad es ganar el futuro, y para ello debemos de aprovechar este momento de transformación.

En tiempos de oportunidad puede parecer cierto de que escasean los recursos, (me niego a pensar eso), pero lo que sí tengo muy claro es que la **COLABORACIÓN** para expandir el **CONOCIMIENTO** para dar solución a los **RETOS** planteados, no es ya solamente una opción de mejora, sino en una **NECESIDAD**.

Como comenta Eugenio Moliní en su libro sobre Participación Genuina (http://molini.es/wp-content/uploads/2012/03/Libro-sobre-Participacion-Genuina.pdf), "a pesar de la retórica actual de la innovación, la creatividad y la diversidad, las organizaciones aún tienden a empujar a sus miembros a la obediencia y a la uniformidad.

Funcionando de esta manera no tienen ninguna posibilidad de afrontar con éxito los retos estratégicos actuales. La metodología de la Participación Genuina para el diseño de procesos permite a las organizaciones encarar con éxito los retos de la complejidad, la diversidad, la transversalidad, la subsidiariedad y el dilema que se plantea entre las necesidades de las personas versus las de la organización."

En la realidad compleja de hoy en día es imposible operar con éxito si no cumple los requisitos necesarios para que personas con diferentes perspectivas, especialidades, posiciones, intereses o culturas, puedan trabajar juntas eficazmente sin diluir sus diferencias y manteniendo su autonomía personal.

En cualquier proceso de trabajo es claramente detectable el momento en el que un número de personas dan un paso adelante para trabajar juntas, *autorregulándose, autoorganizándose y autogestionándose*. Este es el "momento mágico" de la Participación Genuina, cuando el trabajo fluye por sí solo, sin necesidad de intervención externa. Es el momento en el que los presentes en la sala eligen libremente comprometerse con la tarea común, aceptando un encuadre predefinido y trabajando en equipo manteniendo su plena autonomía.

12.2. Basque Tech Hub Leadership: Duplicación y capilaridad.

Basque Tech Hub Leadership is am optimum meeting point for circulation of knowledge, innovation and development.

La lógica de las personas, lo que nos hace humanos, es que buscamos la felicidad en todos los ámbitos de nuestra vida. En el ámbito laboral la buscamos comprometiéndonos con tareas que tengan sentido para nosotros.

Desde el primer momento, a la hora de crear Basque Tech Huh Leadership, emergía una lógica latente, desde el compromiso individual y colectivo, desde la responsabilidad de nuestros actos y aportaciones, pensamos que nuestro futuro está en juego y que todos los integrantes quieren jugar un papel consiente y comprometido.

Nuestro objetivo es muy ambicioso: apoyar con nuestras difusiones a transformar nuestra sociedad hacia un nuevo modelo que garantice el bienestar para las generaciones futuras. Trabajar y colaborar en red implica una intención de mejorar el mundo trastocando el orden establecido. LinkedIn y nuestro grupo es la plataforma en la cual nos apoyamos para conseguir nuestro propósito.

La capilaridad de nuestra red, sirve para permitir que el conocimiento fluya libremente en todas direcciones y con todo el ecosistema de agentes. Si estamos siempre los mismos, hablamos de lo mismo, no es mejor que entre más gente, con diferentes opiniones y puntos de vista para que el debate y las aportaciones sean más enriquecedoras compartiendo inputs y outputs? Aunque la especialidad de cada persona que aporta en nuestra red es distinta, todos compartimos, buscando siempre la complementariedad.

Lo que verdaderamente hace fuerte y potente a nuestro grupo en LinkedIn es la intensidad de interacciones entre sus distintos nodos, ya que funcionamos con el concepto de red, con perspectiva y con control, con anchura y con profundidad, con seguridad y con rentabilidad. Todas las personas (nodos propios) que contribuyen a nuestro grupo tienen una libertad e independencia total, pero al mismo tiempo, tenemos una VISION Global compartida, que es lo que verdaderamente nos mantiene en *Conexión*.

Es algo parecido al concepto del *empowerment*, es decir, las personas que formamos el grupo Basque Tech Buh Leadership en LinkedIn tenemos capacidad para aportar y tomar decisiones libremente, ya que si no fuera así, nuestras aportaciones y contribuciones no valdrían nada.

Conforme el mundo avanza más rápidamente, los desafíos y retos a los que nos enfrentamos también. Es en este momento donde la aportación de ideas por parte de las personas del grupo se convierten en elemento clave y de una alta relevancia. Muy simple, las personas como observadores y como proponentes de nuestros propios anhelos y necesidades.

Como resumen a este concepto de la Capilaridad, es como un feed-back, conocimiento e ideas que entran y salen, van y vienen dejando una información transcendente. Si sabemos escuchar esas ideas, podremos tomar decisiones en base a los objetivos marcados.

Pero este sistema de comunicación y transmisión de conocimiento funcione correctamente, en Basque Tech Hub Leadership tenemos claro que tenemos que Duplicarnos.

Ponemos como ejemplo LinkedIn y logramos INSPIRAR a toda la red con nuestras acciones-contribuciones. Hablamos con poca gente y a la vez nos oyen muchas. Las herramientas son muy sencillas, las pone todas la plataforma LinkedIn, y además son de alto impacto. Conseguimos que todo el mundo use las mismas herramientas.

Cuando hemos conseguido todo esto, hemos creado un sólido grupo de personas que a su vez atraerán a otras simplemente por lo fácil que es aportar y lo mucho que uno recibe. Tenemos la convicción de formar parte de un equipo sólido, con una buenísima plataforma como LinkedIn con un buen plan de retornos en visibilidad y presencia. Es el poder del NetWork, es tú valía.

Cuando realizamos un sistema de actividades sencillas pero CONSTANTES, no hay duda de que el grupo crece y nuestro posicionamiento también. Sólo es cuestión de hacerlo bien. Es por ello que la duplicación de nuestro grupo es producto de:

- ✓ Acciones sencillas
- ✓ Acciones diarias
- ✓ Acciones constantes

Por un periodo indefinido de tiempo.

No se trata de marketing de atracción, sino de aportar VALOR en las contribuciones del grupo.

Los empresarios y emprendedores atravesamos la niebla de lo desconocido con nuestra brillante idea que la ponemos a la consideración del mercado en ese binomio de prueba error. Y sabemos que el conocimiento práctico se desarrolla actuando y no sólo pensando y planificando. En nuestro grupo aprendemos actuando.

En resumen, claves para aportar desde la visión y acción desarrollada desde Basque Tech Hub Leadership:

Aprendemos de la observación y de la colaboración entre personas multidisciplinares y aportando una visión poliédrica. Vamos más allá que el benchmarking.

Tenemos una fórmula de trabajo muy abierta, donde las personas del grupo pueden expresarse libre y periódicamente sobre sus observaciones, sin temor a las descalificaciones.

Los nodos desde donde interactúa cada persona gozan de independencia y capacidad de acción y pensamiento.

Escuchamos las ideas de todas las personas y difundimos en otros grupos de LinkedIn y foros, abiertos a recibir aportaciones para los temas planteados.

Aprendemos actuando. Prueba - error y feedback son dos herramientas imprescindibles.

Somos gente curiosa que con optimismo, convicción y entusiasmo queremos dejar huella en este mundo, aportando ideas y conocimiento para transformar el mundo, no solamente reaccionar ante él.

Espero, querido lector, que si centrifugas los textos, seguro aparecerá siempre alguna ***"pepita"***.

Andoni Gartzia, Mondragón, 26 de enero de 2014.

CAPÍTULO 13

Por Jesús Beltrán
http://es.LinkedIn.com/in/jesusbeltranmadridbusiness

BIOGRAFIA

Jesús Beltrán es el fundador de madridbusinessservicesleadership.com, que es un think tank del mundo 2.0, tras una serie de trainings en Alemania con Spanish Leadership
 Los objetivos de Madrid Business Services Leadership son convertirse en el eje de referencia de la consultoría hipotecaria y registral y ser líderes en el ámbito asegurador patrimonial e inmobiliario.

Jesús Beltrán, español, de 43 años, es Diplomado en Administración y Dirección de Empresas por la Escuela Europea de Estudios Empresariales, Corredor de Seguros Titulado a través de la UDIMA y el Centro de Estudios Financieros de Madrid, estando acreditado como Asesor Financiero por el Instituto Español de Analistas Financieros.

Está colegiado como no ejerciente en el Colegio de Mediadores de Seguros de Madrid.
Siempre ha compatibilizado su formación académica con la actividad profesional. Tras su paso por Iberia Líneas Aéreas se pasó a Iber-Swiss Catering como Supervisor, dónde pudo comprobar el excelente modelo gestión del negocio que aplicaba una empresa Suiza. Fue un periodo de algo más de una año; pero lo recuerda gratamente por la confianza de la Dirección de la empresa, la cual, le dio responsabilidad directa sobre más de diez personas con tan sólo veintidós años. Después de este periodo se incorpora como Agente a Mudespa S.A. de Seguros y Reaseguros –perteneciente al grupo francés GMF- este momento marcará su desarrollo profesional. El grupo principal suspende sus operaciones en España y ficha por otro grupo francés; MAAF Seguros en febrero de 1993, en que se con tan solo 24 años es Director de Delegación en Madrid.

Después de tres años es llamado por MMT Seguros, se incorpora para realizar labores de innovación comercial desde el departamento de producción, tras un par de años le ofrecen la Dirección de una de las Sucursales, siendo en la última etapa Director de dos ellas. Es su etapa profesional más larga, 14 años, colaborando en multitud de proyectos de desarrollo de negocio, siendo el primer Director en lograr un acuerdo de distribución con una gran empresa de renting como ALD Automotive, y liderando en el grupo de sucursales los programas de mediadores.

Estamos en 2010, con 40 años decide dar un nuevo rumbo profesional a su vida, en esta etapa es donde conocerá el poder de LinkedIn. Tras un breve paso por la aseguradora Holandesa Aegon, se incorpora a Patria Hispana Cía. De Seguros y Reaseguros como Director Territorial, gerencia las Delegaciones de Tenerife, Las Palmas, Soria, Ciudad Real, Alicante, León y Córdoba. Él considera esta etapa como la que más la ha hecho crecer profesionalmente en su carrera.

En septiembre de 2012 le ficha el Grupo AMIC como Director de Negocio Directo para las tres empresas del grupo; AMIC Mutualidad, AMIC Seguros Generales y AMIC Gestión integrándose en el comité de dirección. Tras su incorporación lidera la puesta en marcha del proyecto AMIC Alternativa al RETA, que a fecha de hoy reporta excelentes resultados. En el primer año completo -2013- logra la mayor cifra de nueva producción de la Mutualidad en varios años.

A nivel personal, Jesús cree firmemente en la aplicación del "sueño americano" en España. Trabajo duro, esfuerzo, objetivos, estrategia y nunca rendirse le han permitido ir alcanzando las metas previstas.

La fundación de Madrid Business Services Leadership a finales de 2012 le ha proporcionado numerosas propuestas de colaboración con otros profesionales del sector asegurador, financiero e inmobiliario.

13. Reino Unido de España es el ejemplo a seguir, pero podemos ser mejores

13.1.-El inicio en LinkedIn, de no saber a liderar

Como en todo proceso de conocimiento pasaremos por varias fases:

Ser Inconscientemente Incompetente	No saber que no sabes
Ser Conscientemente Incompetente	Saber que no sabes
Ser Conscientemente Competente	Saber que sabes
Ser Inconscientemente Competente	Automatismo del conocimiento

LinkedIn no es diferente, yo tardé más de dos años en pasar a la fase dos.

Me di cuenta de que LinkedIn es desarrollar nuevas relaciones para <u>lograr oportunidades de negocio y que si no compartes no existes</u>. La gran mayoría de usuarios no son muy activos (>80%) en sus aportaciones. Crear contenido propio y compartir contenidos de otros será fundamental si realmente quieres llegar a liderar.

Si tan bueno eres en algo, Demuéstrelo. Aporta valor a tu mercado potencial. No te limites a relatar tu carrera profesional, eso ya lo veo en tu perfil.

Como ampliación a lo anterior, decidí que necesitaba entrenamiento en esto y acudí a Spanish Leadership y a Jorge Zuazola . Resultado: comprobé perfectamente que:

1. Hay que tener una estrategia definida y alineada con tus objetivos (cuantificados)
2. LinkedIn es realmente un sistema de Inteligencia de Negocios infrautilizado en muchas ocasiones, no es un escaparate de RR.HH.
3. Si realmente deseas liderar, debes crear tu propio grupo de leadership y planificar adecuadamente su mantenimiento.

Una experiencia personal:

A finales de 2012, la empresa para la que trabajo AMIC (Mutualidad de la Ingeniería) debe modificar (al igual que el resto de mutualidades) su producto de alternativa al RETA (Régimen Especial de Trabajadores Autónomos) debido a la entrada en vigor de la D.A 46ª de la Ley de modernización de la Seguridad Social.

Iniciamos una campaña de comunicación lo más amplia posible; comunicaciones directas a nuestros clientes, comunicaciones con la colaboración de Colegios Oficiales de Ingenieros Industriales, páginas web, publicaciones sectoriales, etc.

La presentación estaba fechada para el 6 de noviembre de 2012 en el Instituto de la Ingeniería de España. En octubre solicito ingreso en el grupo de Ingenieros Industriales de LinkedIn (actualmente más de 20.000 miembros) y a continuación inserto un comentario en el grupo sobre este tema.

Una gran mayoría de los destinatarios ya habían recibido esta información a través de su propio Colegio, nuestra propia base de datos, webs específicas o revistas, pues bien, os puedo decir que el efecto de la comunicación de LinkedIn a través de su grupo profesional fue proporcionalmente más exitoso. Recibí en mi dirección de e.mail de LinkedIn numerosas peticiones de ampliación de información.

La presentación fue retransmitida en formato streaming, el 50% de los conectados eran del grupo y el 85% del total estaban en LinkedIn.

13.2.-Evolución de LinkedIn. El caso de Reino Unido y España

Los Datos

- LinkedIn cuenta con ejecutivos de compañías de Fortune 500 como miembros; sus soluciones de talento empresarial son utilizados por el 91% de las empresas Fortune 100.
- Usuarios de LinkedIn hicieron más de 5.7 billones búsquedas orientación profesional en la plataforma en 2012.
- Más de 3 millones de empresas tienen páginas de empresas de LinkedIn.
- Hay más de 1,5 millones de editores utilizando activamente el botón Compartir en LinkedIn en sus sitios para enviar contenido en la plataforma de LinkedIn.
- Usuarios de LinkedIn están compartiendo ideas y conocimientos en más de 2,1 millones de LinkedIn Groups.
- En el tercer trimestre de 2013, un promedio del 38 por ciento de los miembros visitantes únicos llegó a través de aplicaciones móviles, en comparación con sólo 25 por ciento de hace un año.

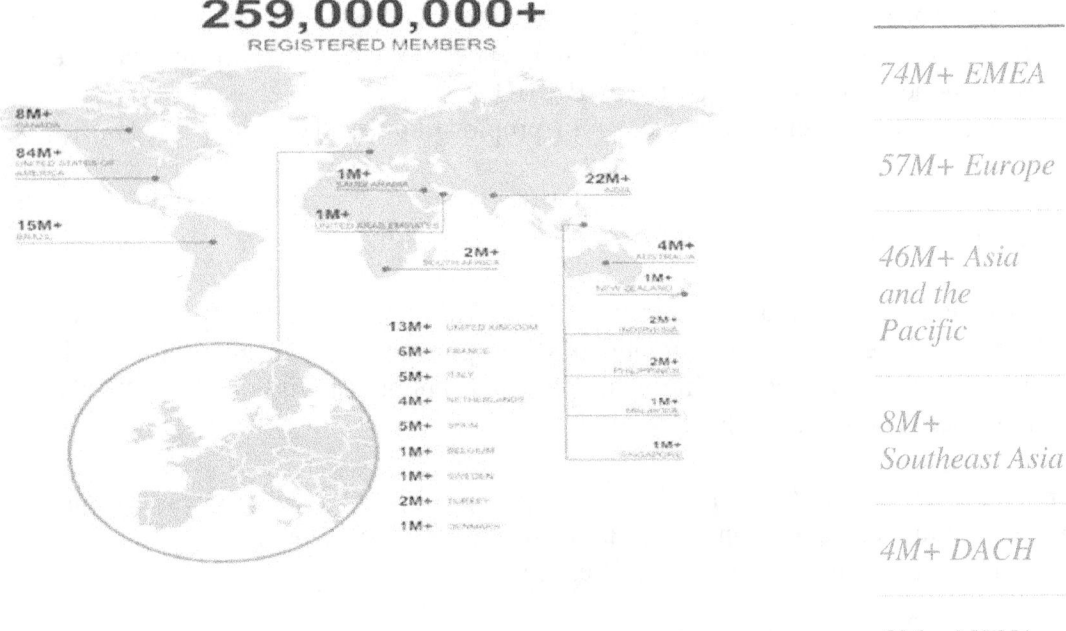

El Reino Unido y España

En septiembre de 2012 el Reino Unido superaba los 10 millones de miembros, a fecha de hoy llegan a los 13 millones. Con los datos de 2012, cuatro de cada cinco profesionales británicos eran parte de la mayor red profesional del mundo con más de 8.000 grupos activos.

Según Adam Gordom, el 90% de los más de 12 millones de LinkedIneadores británicos son los que están en empresas que cotizan en la bolsa según el FTSE100.

Pese a la crisis, el crecimiento británico continúa por encima de la zona euro y avanzan en su ritmo de crecimiento.

Factores coyunturales aparte, los británicos han hecho los deberes antes que los demás, y esto no sólo son los gobiernos; son las empresas y los profesionales que las integran, es una cuestión de visión empresarial.

Con frecuencia me encuentro con CEO´s o Directivos de empresas españolas que se jactan de no estar en esta gran red profesional, piensan que ellos juegan en otra división, a más de uno les he comentado que <u>el primer comercial de una empresa es su CEO y que debe estar donde está el negocio</u>. Es un problema de miopía en muchas empresas españolas.

Igualmente, me sorprende que en multitud de empresas los empleados no puedan acceder a LinkedIn desde sus terminales, están autolimitando su mercado potencial.

Aun así las cosas, España ha superado los 5 millones de usuarios de LinkedIn, con un crecimiento de más de 1 millón en el último año, cerca de 80.000 usuarios nuevos cada mes.

Esto representa que más de la mitad de los profesionales españoles están en LinkedIn, todavía queda mucho por hacer para lograr superar los datos de Reino Unido. No obstante, soy optimista en este sentido, la velocidad de adaptación española a los cambios es notable; basta recordar como se pasó de pagar todo en efectivo a todo con tarjeta (sin el paso intermedio de los cheques) o la evolución en el número de teléfonos móviles, tablets y smartphones.

Esta velocidad que imprimimos a las cosas hay que utilizarla para la difundir el potencial de LinkedIn, y hacer una labor didáctica de como utilizarlo.

El liderazgo vendrá de las acciones que se realicen en este sentido, y el auténtico líder logrará generar más líderes. No hay excusas, hay que cambiar la visión del desarrollo del negocio de muchos CEO`s españoles y lograr cifras de desarrollo que fortalezcan la marca España y el Spanish Leadership.

Está en tu mano ser un Spanish Leader.

Jesús Beltrán, Madrid, 28 de enero de 2014.

CAPÍTULO 14

Por Bruno Rodríguez López
http://www.LinkedIn.com/in/brunorodriguezandalucialeader

BIOGRAFÍA

Profesional cuya misión es: Abrir mercados en el sector de construcción, rehabilitación y reformas en Sevilla y por extensión Andalucía.
Visión: las personas, las empresas, las organizaciones tienen necesidades, tienen sueños, quieren construir espacios habitables, agradables, funcionales, atrayentes y eso, sabemos como acompañar a las personas para conseguirlo, nuestros equipos pueden ayudarle.

Gerente de la empresa Rolocons, dedicada a construcción, rehabilitación y reformas, así como socio fundador de la empresa Promoalba 2005 dedicada a promover viviendas residenciales. Estoy formado en gestión y dirección de empresa por la consultora CEDEC (Centro Europeo de Evaluación Económica) y he recibido formación de marketing por la consultora DABO FACTO.

Las capacidades de observación y detección de necesidades me brindan la posibilidad de crear equipos multidisciplinares capaces de cubrir estas.

Con 21 años de experiencia en el sector de la construcción, soy un profesional con el bagaje suficiente y la visión adecuada para afrontar los cambios y retos de dicho sector.
Los clientes son el motor que impulsa la profesionalidad por eso cuido la comunicación, para poder expresar, escuchar y definir estrategias para la buena consecución de los trabajos.

Fundador de **Andalucía Business Leadership** fomentando y potenciando así la sinergia en el empresariado andaluz.

He recibido la formación para LinkedIn del refutado CEO Jorge Zuazola, creador de Spanish Leadership entre otras muchas creaciones.

14. Servir al cliente vía el network, la clave para todo empresario

14.1. Servir a los clientes vía LinkedIn

Quiero comenzar con unas frases del discurso que pronunció **Karl Popper** con motivo del otorgamiento de **Doctor Honoris Causa** por la Universidad Complutense de Madrid.

*Me doy cuenta, una vez más, de lo poco que sé, y ello me lleva a recordar la vieja historia de Sócrates en su juicio, cuando él, el más sabio, pronuncia aquella frase ya famosa, "**sólo sé que no sé nada**" él, se dio cuenta de que la sabiduría consistía en el conocimiento de nuestras propias limitaciones, de nuestra propia ignorancia.*

Esto me hace reflexionar sobre **LinkedIn** la red del conocimiento, de la sabiduría, donde te das cuenta de tus limitaciones, donde aprendes día a día interactuando con muchos profesionales, donde aprendes a conocer a tus clientes y que estos te conozcan a ti, donde conoces sus necesidades y los servicios que puedes ofrecer como profesional.

LinkedIn, es la red del conocimiento de nuestra propia ignorancia. Nuestra meta, conocer más, relacionarnos más y mejor, dar mejores servicios.

14.2. ¿Qué es servir a los clientes?

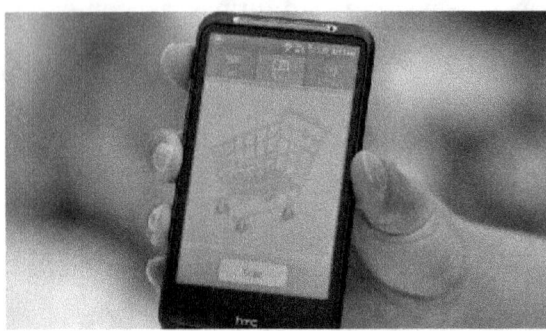

Vivimos en un mundo cambiante, veloz, la comunicación y la información la llevamos en el bolsillo.

El servicio a los clientes es, transmitir veracidad, transparencia, interacción, saber escuchar. El medio más importante que he encontrado de transmitir veracidad, transparencia, interacción, es LinkedIn.

LinkedIn es una red donde no se puede jugar al engaño, donde no valen perfiles falsos, donde no vendes nada si lo único que pretendes es que compren tu producto.

LinkedIn es una comunidad donde, si aportas valor, crearás confianza en tu red y será tu red los mejores vendedores de tus productos o servicios y donde tus clientes se acercan a ti para que tú les sirvas.

14.3. ¿Qué se necesita para poder dar los servicios que ofreces?

- **Confianza**, y este es mi concepto de confianza:

- **C**onocimiento de tus aptitudes y de tu actitud, has de saber que si ofreces algo debes conocer lo que ofreces y cómo lo ofreces.

- **O**rganización, orden. Un servicio ha de estar bien organizado y ordenado para no fallar.

- **N**egociación, capacidad de escuchar y de que te escuchen, hay que entender bien cuales son las necesidades.

- **F**ormalidad, sé responsable y cumple con lo pactado. El prestigio cuesta años, el desprestigio segundos.

- **I**nformación, la información es una de las claves principales para transmitir confianza, la letra pequeña ayuda a salvar normativas legales, pero no la confianza.

- **A**delante; las personas con confianza, visionan los objetivos, visionan las necesidades y van a por ellas.

- **N**o; muy importante aprender a decir no, cuando creas que no puedas cumplir di no, un si que no vayas a cumplir es tirar por tierra el trabajo de muchos.

- **Z**apatos; hay que patear la calle, hay que visitar a los clientes, el mejor medio de entrada es LinkedIn, pero después hay que hablar cara a cara con las personas.

- **A**mbición; retos, metas, inconformismo hay que buscar la superación la excelencia. Tus metas no son más que el punto de partida del siguiente reto.

14.4. ¿Cómo te conocen, cómo se vende un servicio?

Primero: Para que los clientes se acerquen a conocerte, porque tú puedes ofrecer la solución a sus necesidades, has de SER.

Si hablamos de LinkedIn, has de SER LinkedIn no es suficiente estar en LinkedIn. La diferencia entre uno y otro es que SER es un reto diario, es vivir la red la comunidad, interactuar, ser proactivo, creer, crear, y estar es simplemente ver esta plataforma como algo útil o inútil.

Las personas importantes tienen una visión de sus vidas y la utilizan cada día, trabajan pensando en su vida y no para su vida.

Es importante que cuando te conozcan y conozcan lo que puedes ofrecer, transmitas esa pasión que todos quieren ver, porque saben que tú puedes ayudarles, tú puedes dar servicio a sus necesidades, tú tienes el producto de confianza que ellos necesitan, que ellos quieren comprar.

Segundo: Lo que más nos impacta a las personas para acercarnos a conocer algo es la imagen. Es importante tener una buena imagen, por eso es importante la publicidad, por eso es tan importante el marketing, la estrategia para llegar a los clientes.

La mejor imagen que puedes crear te la ofrece LinkedIn con los grupos, es ahí donde interactuando, donde creando debates demuestras tus conocimientos, tu experiencia o simplemente tus ganas de conocer, de aprender.

Los grupos nos aportan una conexión directa con personas afines que van conformando tus conocimientos y también con opiniones contrarias a las tuyas, con lo que se crean debates muy vivos, muy profesionales y con una enorme profundidad, ya que estos llegan a mucha gente, a una red muy amplia.

Tercero: Si tienes una empresa estas ofreciendo tus servicios o productos y quieres que los clientes lo conozcan, entonces has de tener una Company Page.
La página de empresa, es tu web 2.0, es tu blog, es tu correo, es la forma de ofrecer tus servicios, que estos sean conocidos.
Sirve como un blog personal o de empresa, donde vas subiendo tus contenidos, tu actividad, las cosas que te interesan.
Das la posibilidad a tus clientes y contactos a que hagan comentarios, recomendaciones, lo que te hace muy relevante de cara a los demás.

14.5. Prográmese

Cada día hay que tener un momento para estar en LinkedIn, muy importante la constancia, porque tu red no se para, no espera, si no interactúas, dejarán de conocerte, si no interactúas dejarás de aprender y estamos en un mundo donde lo más importante no es lo que sabes, sino la insaciable necesidad de saber más.

Hay unas frases que leí a uno de mis contactos y que leo cada mañana cuando miro mi agenda porque me motiva para mí día a día.

Las frases son de María Graciani García y es algo que le decía su padre cuando empezaba su andadura laboral:

"Has de saber, hija mía, que nada en el mundo sustituye a la constancia. Pues el talento no la sustituye, ya que nada es tan corriente como los inteligentes frustrados. El genio tampoco, ya que resulta normal el caso de los genios ignorados. Ni tan siquiera la cultura y la educación sustituyen a la constancia, pues el mundo está lleno de fracasados cultos y bien educados. Solamente la constancia, la paciencia y la decisión conllevan a tener fe en los propios actos y éste es el camino hacia el éxito".

Nuestra red de contactos necesita de nuestra constancia para que sea útil para nosotros y para los demás, nuestra presencia en la red es fundamental y para eso hay que programerse.

El mundo 1.0 ha muerto porque tus clientes no se acercan a una web, para ver la información que tú le puedas ofrecer, quieren poder interactuar, informarse de lo que ellos necesitan,

LinkedIn da esa posibilidad a ti y a todo tu equipo. Es importante que todas las personas que trabajan en una empresa estén en la red, para descubrir y aportar, a los clientes, a la empresa y al crecimiento personal.

Agradecimientos

Como la mayoría de profesionales, he ido evolucionando a lo largo de muchos años, de contacto con clientes, con compañeros, con consejeros, mentores, pero hay dos personas a las que quiero dar las gracias en especial, por su aportación a mi evolución y por la introducción en esta red.

Estas personas son Jorge Zuazola, creador de Spanish Leadership y uno de los CEOs que más saben sobre LinkedIn, él puede ayudarte a formarte para SER LinkedIn y la otra persona, muy especial, es Ronald Charles Stern, el tamaño de su curriculum, sus conocimientos, su bagaje profesional reconocido mundialmente, están a la altura de su gran humanidad, gracias amigo.

Bruno Rodríguez López, Sevilla, 2 de enero de 2014.

CAPÍTULO 15

Por Javier Manzano
http://uk.LinkedIn.com/in/javiermanzanofmcg/en

BIOGRAFÍA

Javier Manzano es miembro del cada vez más numeroso grupo de Spanish Leadership fundado por Jorge Zuazola, el cual fue contactado por éste en Abril de 2012 siendo ofrecido formar parte de tal grupo y marcado así una clara incisión en su trayectoria personal y profesional.

Joven español de 25 años, empezó su andadura profesional aún antes de comenzar en la Universidad pública en Madrid -donde estudió Administración y Dirección de Empresas- cuando en el apogeo de la burbuja inmobiliaria pudo tener contacto directo con los últimos estertores de la misma.

En su incesante búsqueda de oportunidades que complementaran sus estudios y le aportaran la base práctica necesaria fue ocupando diferentes posiciones de prácticas como es habitual en la etapa universitaria, en banca privada (Banco Santander y BNP Paribas) así como en sector comercial (Decathlon) para terminar en consultoría IT (Everis) una vez finalizada la etapa universitaria.

Poco después y ante la no favorable coyuntura económica aún latente, decidió establecerse en Reino Unido donde el mercado laboral ofrece más y mejores oportunidades en sectores como el comercio internacional, en el cual Javier ha dedicado su tiempo desde entonces en dos compañías diferentes.

La primera de ellas le ofreció la oportunidad de comenzar tanto en este sector como de establecer sus primeros lazos profesionales con Latinoamérica, germen de lo que pocos meses después se convertiría en EuroAmerica Import&Export Business Leadership, y la segunda fue y es el salto definitivo a la consolidación de su carrera en tal sector y actualmente el éxito en el mismo puesto que, entre más de treinta países con los que opera y siendo el único extranjero en una compañía que exporta más del noventa por ciento de sus productos, está a cargo del mercado nacional del Reino Unido.

Una vez que recibió diversos trainings y valiosas recomendaciones dentro de los servicios proporcionados por Jorge Zuazola como gurú de Spanish Leadership, tomó la decisión de usar LinkedIn como plataforma de salida para una nueva aventura profesional, pero sobre todo personal, en la que quería plasmar todo aquello que siempre había se planteado para realizarse profesionalmente, y era el crear su propio modelo de negocio como complemento a su carrera profesional.

Además ha tenido el enorme e inestimable privilegio de ser invitado a la participación en este libro editado a modo de celebración por haber superado la barrera de 300 millones en LinkedIn.

De ahí nació la ilusión que se transformaría meses después en una realidad junto con la inestimable ayuda de su socio y miembro también de Spanish Leadership Fernando García Estrada, anteriormente colega profesional y actualmente también en este gran proyecto que les une aun teniendo carreras profesionales por cuenta ajena en el mismo sector pero en diferentes compañías.

Desde EuroAmerica Import&Export Business Leadership y siguiendo las pautas por las cuales habían sido entrenados, establecieron esta marca de Leadership que tan buenos resultados ha provisto a otros negocios ya consolidados en LinkedIn y la cual se tratará durante este capítulo de forma más detallada.

15. Hoy no se es nadie si no se está en LinkedIn.

Como bien sabrás querido lector, estamos en 2014 en mitad de una profunda inestabilidad (que no crisis) económica y social que ha roto muchos de los esquemas profesionales de millones de personas que hasta hace bien poco gozaban de una seguridad laboral relativa, e incluso indiscutible para ellos mismos. Y digo que no es una crisis porque cuando se considera la posibilidad de que surja un periodo de inestabilidad y se planifica y vive teniéndolo en cuenta, la probabilidad de que surjan imprevistos a los que no poder hacer frente, es muy reducida.

Pero las cosas han cambiado, mucho, supongo que ya te habrás abrochado el cinturón para las curvas que atravesamos y que todo lo que te voy a contar a continuación no es nuevo para ti, al igual que también supongo habrás tomado medidas para amoldarte a la situación sin esperar que ésta cambie, porque no será así. Este capítulo y aprovechando que soy parte de los miembros más jóvenes de Spanish Leadership, trataré de enfocarlo principalmente a aquellos que se encuentren en una etapa personal como la mía en la que los primeros contactos con el mercado laboral son esenciales.

Si aún eres estudiante te haré la siguiente recomendación: trabaja al mismo tiempo e intenta tener las mejores calificaciones posibles, tanto en el trabajo como en el estudio. Yo solo acabé la Universidad hace año y medio, trabajé durante todo ese tiempo como algunos de mis compañeros. A día de hoy somos los únicos que podemos sentirnos satisfechos con nuestra situación profesional, me ahorraré detallarte la situación de los que no lo hicieron.

15.1. La absoluta necesidad de estar presente en LinkedIn

Corría el 2007 cuando empecé la Universidad lleno de ilusión ante la nueva etapa que se abría; todo parecía ir medianamente bien, la economía, la política, la sociedad, etc… aunque si bien es cierto que algo ralentizado respecto a los años anteriores. Recuerdo con perfecta nitidez cómo anualmente se celebraba una feria de empleo en la que venían grandes firmas de consultoría, banca y finanzas a presentar sus programas de prácticas/becas y ofertas a estudiantes de últimos años. Esto que en 2007 y 2008 tuvo bastante éxito, poco a poco se fue viendo mermado hasta acabar en 2012 en unos pocos stands dentro de los pasillos de la propia facultad, cuando siempre se había realizado en el patio central dada la mayor amplitud de espacio.

Y es que no hace falta más que echar un vistazo en LinkedIn para ver cómo este particular ejemplo que te acabo de poner es totalmente palpable, de hecho ya en el pasado 2012 cuando abandoné España se decía en prensa que más del 80% de las grandes compañías usaban esta red profesional para reclutar a sus nuevas promesas profesionales, y te hablo de noticias que yo mismo leía en prensa gratuita. Todavía no estás seguro de que el futuro está adelantando por la derecha a mucha gente que aún tiene dudas de unirse a LinkedIn o de los que siguen prefiriendo enviar CV's en páginas de empleo?

Como reza el título de este capítulo, estar presente en LinkedIn no es ya algo opcional sino total y absolutamente necesario. Os habéis fijado cuánta gente de vuestro entorno (sobre todo entre estudiantes de último año o recién licenciados, y hablo de todo tipo de perfiles) está siendo contactada por recruiters en LinkedIn?

Creo que con estas dos últimas preguntas te habrás dado cuenta instantáneamente de que algo ha cambiado: el CV en Word sigue existiendo y seguirá existiendo pero, estimado lector, créeme que si yo he sido contactado en varias ocasiones para ser ofrecido empleos que ni siquiera pensaba estaban a mi alcance, no lo vas a ser tú?

El hecho de ser uno de los miembros más jóvenes de Spanish Leadership (no el que más dado que afortunadamente tengo el placer de contar entre mis contactos con gente más joven y con carreras muy prometedoras) espero que anime a todos aquellos que no creen en sí mismos o en la capacidad de desarrollarse profesionalmente incluso fuera de nuestras fronteras si ese es tu objetivo. Pero como sabrás, para ello hace falta ejercitar el esfuerzo y eliminar el victimismo de achacar todos tus problemas al entorno seguido de una adaptación al mismo.

15.2. El liderazgo como herramienta para alcanzar la prosperidad

Si hay algo de lo que podemos darnos cuenta echando un vistazo al mercado laboral en España, es de la falta de verdaderos líderes profesionales, sociales y culturales, ni que hablar de los políticos. Prácticamente no existe esa figura, no se impulsan los valores que deberían hacer de muchos ciudadanos auténticos líderes en sus particulares áreas de conocimiento. Esto tiene una causa muy sencilla y es que históricamente en nuestro país se reprime el talento y la meritocracia como parte de una actitud puramente victimista; es sencillo, no conviene que destaque nadie y así los mediocres no tienen que esforzarse por estar a la altura de ellos.

Reconozcámoslo, una actitud de líder es inmediatamente aplastada en nuestro mercado laboral y en la sociedad en general por ese miedo que tienen aquellos que se saben mediocres y menos capacitados para hacer frente al que trabaja duro. Y un ejemplo es que personalmente jamás imaginé cuando me marché que me ofrecerían y confiarían en mí la relación con los mejores clientes de la compañía, pero es que amigos, aquí no es necesario pagar favores de la forma en que todos conocemos.

Os sorprendería enormemente a muchos ver lo bien valorados profesionalmente que están muchos compatriotas fuera de nuestra tierra cuando se les da vía libre al desarrollo de sus capacidades, precisamente Jorge lo comenta en multitud de ocasiones y puedo corroborar sus asertos, es que fuera no son mejores que nosotros (ni peores) sino más organizados y el que se queda más tiempo en la oficina cuando no ha subido la carga de trabajo es criticado por tardar más que el resto en hacerlo. Eso sí, cuando es necesario echar una mano nadie se esconde.

Estamos creo en la mejor etapa para demostrar lo que valemos como personas y como país aunque desafortunadamente nuestra propia idiosincrasia es difícil de cambiar. No quiero decir con esto que lo mejor sea tirar la toalla y adoptar una postura egoísta, sino dentro de nuestras convicciones e intenciones por mejorar lo que nos rodea y a nosotros mismos, se puede progresar.

Y precisamente con esta actitud desarrollada entre hábitos tan saludables como son la escucha a profesionales con largas trayectorias y la lectura de textos y libros al alcance de cualquiera (no me refiero a Top Ventas anuales vulgares), Fernando y yo tomamos la decisión de fundar EuroAmerica Import&Export Business Leadership como nuestro pequeño pasatiempo con el que obtener unos ingresos adicionales a nuestros trabajos por cuenta ajena utilizando LinkedIn como herramienta comunicativa entre gente del sector.

No os voy a aburrir en detalles pormenorizados pero sí que os confiaré unas pequeñas curiosidades que seguro serán de vuestro interés: mediante LinkedIn se llega a gente a la que nunca, y digo nunca, tendrías acceso en un mundo 1.0 (qué necesidad hay ya de viajar para primeros contactos en la otra punta del mundo?), la inversión es ínfima (o nula ya que como sabrás el registro es gratuito), la publicidad que puedes darte es gigante en diversas formas, y además puedes concentrar en tu mismo grupo aquellos contactos que consideres estén relacionados no ya solo con tu negocio sino con cualquiera que sea el tópico de tal grupo.

Pues de este modo y creando nuestra marca de liderazgo hemos sido contactados ya tanto por compañías que buscan abrirse hueco en los mercados que operamos como empresas que demandan productos no disponibles en su mercado local, incluso por otras compañías locales que quieren asociarse a nosotros!. Seis meses después ya tenemos nuestros dos primeros clientes a muchos miles de kilómetros, a los cuales nunca hemos visto en persona pero pronto así será. Y todo gratis. Suena bien, verdad?

Si además de tener una actitud basada en el liderazgo para medrar profesionalmente cuando trabajas para terceros te puede reportar resultados palpables, deberías considerar seriamente si aplicándola para ti mismo no sería igual o incluso más productiva. Y LinkedIn permite eso, con la comodidad que supone estar detrás de una pantalla a la que tienes acceso incluso desde tu teléfono móvil.

Los límites te los pones tú mismo en tu cabeza, te sonará a un manido tópico e incluso yo pensaba que no era más que una expresión propia de esos libros de autoayuda en los que lo único que encuentras son halagos sin consistencia alguna. Pero es totalmente cierto (y reto a cualquiera a que me demuestre lo contrario) que muchas veces vamos por la vida con la gorra puesta y la visera caída a la altura de las cejas, sin poder ver lo que se nos pone por delante.

Ahora ya hemos superado la barrera de los 300 millones de usuarios, es el momento de que te des cuenta que estás quedándote fuera si no tienes un perfil actualizado, una red de contactos consolidada y consistente. Ni qué decir tiene si ni siquiera estás dentro.

Javier Manzano, Leeds, Reino Unido, 20 de enero de 2014.

CAPÍTULO 16

Por Iñigo Ansotegi
es.LinkedIn.com/in/inigoansotegidirecciongerente/

BIOGRAFÍA

Iñigo Ansotegi Elordi es el fundador de Euskadi Management Leadership, incubadora de ideas por internet. De 44 años, es, desde 2007, Director Comercial y de Marketing, así como Gerente colegiado, en Sunrise Medical, S.A., multinacional fabricante de sillas de ruedas y productos de ayuda a la movilidad. Anteriormente, fue Director Comercial en Lince, La Industrial Cerrajera, S.A., Director de División en Rothenberger, S.A. y Director Comercial en Herun, S.L. Executive MBA por Eseune (Bilbao), BMBA with Honors por la University of Herdfordshire (UK) y Diplomado Superior en Marketing y Business Management por el IMPV-EHMI (Bilbao). Experto en Management & Coaching en German Leadership, actualmente completa el Programa Experto en Coaching Ejecutivo en Eseune (Bilbao).

Desde Euskadi Management Leadership, Iñigo proporciona coaching, asesoramiento en gestión comercial y comercial planning a profesionales y empresas, con el objetivo de mejorar su penetración de mercado y de adecuar las estructuras comerciales a las diversas realidades de mercado. También lleva a cabo Mentoring, habiendo recibido recomendaciones por esa labor.

Con visión estratégica, su capacidad para adelantar acontecimientos y para la toma de decisiones le llevaron a cambiar el sector industrial, en el que estaba fuertemente consolidado y posicionado como un profesional de alto nivel, por el de la salud y ortopedia justo antes de que la crisis afectara profundamente a su sector de origen, no aceptando incluso una posición de CEO en una empresa multinacional con sede en Bilbao.

Es miembro Platino Lifetime de Who's Who Worldwide.

Casado y con dos hijos mellizos de cuatro años y medio, dedica su tiempo libre a su familia, además de a continuar con su formación y a la lectura, tanto de literatura como de libros de empresa y ensayos.

Vive en Lekeitio, y el mar delante de su ventana le recuerda todos los días el privilegio de vivir en un entorno natural a la vez que desarrollado.

16. Iniciativa de gestión en LinkedIn es la clave de la excelencia en 2014

16.1. LinkedIn, "foro romano" de la era 2.0

Los últimos años, la proliferación de redes sociales ha abierto los ojos a algunas empresas en el sentido de advertir que necesitan establecer algún medio de comunicación con los receptores de sus productos utilizando estas nuevas plataformas digitales. Sin embargo, da la sensación de que la mayoría de empresas y sus CEOs no han llegado a este punto, o bien creen que es suficiente con tener una página web con una sección para los clientes o con un perfil en Facebook y una persona haciendo las veces de Community Manager.

Sin menoscabo de que se usen los medios descritos como vía de comunicación, a mitad del segundo decenio del milenio que hemos tenido la oportunidad de estrenar como profesionales, es preciso definir una estrategia con carácter global, tanto en intención, contenidos como -aspecto cardinal- de medios para llevarla a cabo.

Si eres una persona joven que quieres tener visibilidad entre una comunidad amplia de jóvenes para compartir tus gustos musicales, conocer gente de tu edad y compartir frases y videos ingeniosos, tienes un elenco de plataformas tales como Tuenti, Facebook, Myspace, etc. Si eres una persona que busca generar estado de opinión sobre temas generales o empaparte de los mismos, tal vez Twitter sea tu red. Si lo que quieres es compartir fotos, Flickr es lo tuyo y Youtube es el rey de los videos.

Si eres un CEO, es posible que uses alguna de estas redes para tu vida diaria o lo hagan tus hijos, pero hay una plataforma donde realmente debes de posicionar a tu empresa y a ti mismo como profesional. Esta es LinkedIn, el auténtico "foro romano" de la era 2.0 que se desliza ya a la 3.0. Los antiguos griegos crearon la palabra idiota para definir a aquel que no participaba en los asuntos públicos. El significado actual de esa palabra nos deja entrever lo que subyacía en las mentes de los griegos cuando uno de sus ciudadanos despreciaba tan noble facultad humana.

Como responsables de guiar a nuestras organizaciones debemos estar presentes en el foro donde adquieren visibilidad todas las ideas de gestión tanto organizacional como humana y donde tenemos la oportunidad de contrastar nuestras propias vivencias, ideas y facultades para lograr un efecto multiplicador sobre las mismas.

La verdadera diferencia de los tiempos actuales con los anteriores es, precisamente, la capacidad multiplicadora en términos de progresión geométrica frente a la progresión aritmética que se producía cuando las personas con conocimientos sólo podían acceder a personas con iguales capacidades de una en una y cada cierto tiempo. Hoy, podemos estar simultáneamente conectados todos y todo el tiempo. Es como cuando miles de personas ponen sus ordenadores en red para tratar de descubrir señales vida en el espacio. No hay ordenador de la NASA capaz siquiera de acercarse a esa capacidad…. eso es LinkedIn hoy para el gestor de empresa y para todos los profesionales que queremos guiarnos por los principios de la mejora continua.

Hasta hace bien poco, mi contacto con LinkedIn era testimonial. Simplemente, tenía un perfil sin foto con una descripción más bien fría o "técnica" de mi historial profesional. Avatares de la vida, como suele ser, contacté con Jorge Zuazola y empecé a entender qué podía hacer LinkedIn por mí y, al mismo tiempo, qué podía hacer yo para contribuir a la propia red. Tras unas jornadas en las que aprendí y aprehendí (esto segundo más importante que lo primero),

Jorge me animó a crear mi propio grupo en LinkedIn mediante el cual pudiera potenciar ese valor tan necesario como es el liderazgo entre la comunidad de gestores de mi tierra. El resultado, Euskadi Management Leadership, una "triple i" a la que ya se han sumado gran cantidad de profesionales, no sólo vascos, que pretende servir de nodo de comunicación y de multiplicador de nuestro buen saber hacer, ese del que tan orgulloso me siento como miembro de una comunidad y que siempre hemos sido capaces de compartir con nuestros vecinos, generando mejoras de aún mayor valor.

Desde Euskadi Management Leadership se busca también contribuir ofreciendo consultoría en gestión comercial, creación y seguimiento del plan comercial y coaching a profesionales enfocado también a elevar las prestaciones de los mismos.

16.2. LinkedIn y la generación de valor

Pero, lo que realmente resaltaría de LinkedIn, es su capacidad para generar valor en el ámbito profesional. Según ha ido aumentando mi red, también han aumentado los inputs que recibo de profesionales de todas las áreas y con unas experiencias muy diferentes de las mías. Asimismo, la pertenencia a los diversos grupos permite observar este mundo profesional de manera periférica y en constante movimiento.

Es como tener ojos y oídos en todo y en todo momento, pero de manera manejable y seleccionable, esto es, útil. Está muy extendido el tópico de que un exceso de información puede ser contraproducente... esto podía ser en la era 1.0 pero ahora, amigo, no te dejes minusvalorar y toma la herramienta que te da el poder de estar realmente informado, sin posibilidad de sesgo, ya que es imposible manipular toda la información, todo el tiempo y a todo el mundo.

El profesional y gestor de hoy, y de los próximos retadores tiempos, debe estar formado en el uso de esta herramienta y debe crear una estrategia para interactuar con sus diversos grupos de interés. Pero ya no vale con delegar este conocimiento en un Community Manager. Debe ser el líder de la organización el que ejerza también en este entorno el liderazgo real de su empresa.

La mejor definición de liderazgo que he leído y oído jamás es la que hace el profesor de Derecho Político y Teoría del Estado, José Antonio González Casanova, en su libro Teoría del Estado y Derecho Constitucional, y que refiere a su sentido etimológico. Liderar proviene de la palabra inglesa *lead*, esto es, guiar. Líder es aquel que guía al grupo, no a donde él quiere ir, sino a donde el grupo quiere ir, donde más conveniente es que esté. Por este motivo el líder 3.0 que se avecina debe guiar a su organización a donde más prolífico va a ser que esté, y no va a encontrar herramienta más potente que LinkedIn.

Pero, como toda herramienta, hay que saber usarla correctamente. Tras 10 años en el sector de la ferretería y suministro industrial, una frase que recuerdo es aquella que decía que, en un momento de necesidad, aquello que teníamos a mano se convertía en martillo (conocido como la "llave española").

Tanto el tópico como el pseudónimo nos advierten sobre la pérdida de potencialidad y derroche de recursos que se producen cuando no usamos correctamente los medios y, sin embargo, pretendemos que los resultados sean como cuando sí se usan. LinkedIn posee unas pantallas específicas de búsqueda avanzada estratificada, unas secciones para crear grupos, empresas, y otras funcionalidades que, usadas adecuadamente, producen un resultado tan diverso al del uso convencional, como la diferencia entre una llave dinamométrica y la "llave española". Por ello, dejemos de golpear cosas con la llave dinamométrica y de apretar tuercas a martillazos.

Recuerdo una conversación que tuve hace años con un gerente de una empresa en la que trataba suavemente de explicarle el cambio de paradigma que se había producido a mediados del siglo XX (esto es, 50 años antes de mi conversación) cuando se pasó de una mentalidad de producción –se vendía lo que se producía- a una de mercado, en la que la demanda guiaba lo que se debía producir. Cuando estaba diciendo "mentalidad de producción", se le iluminó la cara y me dijo "yo soy de esos". Lógicamente, no seguí con mi explicación, para eso está el programa de la televisión que traía a unos indígenas a Madrid después de que sus huéspedes madrileños hubiesen convivido con ellos en la selva.

Hoy no hay excusas para que los líderes de las organizaciones vuelvan la cara a la realidad que, no es que venga, es que ya está aquí.

Las empresas conviven en un entorno competitivo en el que las diferencias discriminan más en negativo que en positivo. Todos buscamos la *Unique Selling Proposition*, el *Key Success Factor* y la piedra filosofal, pero lo que hoy elimina *players* es no estar a la altura en términos de excelencia. Esta palabra tan manida se ha convertido en el suelo que nos exigen nuestros grupos de interés; ya no hay permisividad con la no calidad, con el desperdicio y no se entiende el no aprovechamiento óptimo de todos los recursos una vez comprobada la escasez de los mismos de manera brusca y traumática.

Por todo ello, es momento de llevar la iniciativa de la gestión de la excelencia desde lo más alto del vértice estratégico y de extenderla a todos los estratos de la organización. Paradójicamente, ambos conceptos –vértice estratégico y estratificación- serán los más afectados por esta gestión, al aminorarlos e igualarlos en cuanto a aportación de valor. Todos aportarán en cuanto todos tienen acceso a redes profesionales en LinkedIn que hablan de los temas que son propios de cada uno.

Es llamativo entrar en LinkedIn desde una sesión de otra persona conocida que trabaja en otros sectores y con diferentes niveles de responsabilidad, tecnificación, etc. Lo que ves es "otro LinkedIn", el suyo, el que realmente le enriquece y desde el que aporta valor. Entonces te das cuenta de que, además de tener acceso a toda la información, también tenemos a la que se asemeja más a tus necesidades, lo que multiplica aún más el valor de tener a toda la organización bien posicionada en LinkedIn.

Se avecinan nuevos tiempos, aún no sabemos qué traerán de ruptura con el actual ni cuánto de este seguirá presente pero, lo que es seguro, es que seguirán existiendo personas y organizaciones y que la conectividad será un concepto total. Para saltar a los nuevos tiempos, es preciso que dominemos lo que de futuro tienen los actuales, y LinkedIn es la antesala de lo que nos espera.

Iñigo Ansotegi, Bilbao, 29 de enero de 2014.

CAPÍTULO 17

Por Domingo Alonso
http://www.LinkedIn.com/in/domingoalonsoleadernetwork

BIOGRAFÍA

Misión de carrera profesional: Estabilizar mi profesión como Gerente de Logística, Dirección, y además profundizar en mi negocio de network en base a la escuela de negocios de Robert T. Kiyosaki.

Fundador Murcia Leadership www.murcialeadership.com

Murcia, España. Murcia Leadership nace en 2012 como Incubadora de Ideas en Internet, servicio de consultoría de negocios, entrenamiento personal y desarrollo profesional. Recibiendo formación continua de Spanish Leadership, sus Grupos, publicaciones y artículos sobre la manera de pilotar el Buque Insigina LinkedIn 2.0. "Nuestra metodología impulsa al optimo resultado empresarial, a través de una correcta integración formativa en cada individuo de su optima nutrición, hidratación, pies sanos, piel saludable, control de la toxicidad, desintoxicación, desarrollo emocional, inteligencia financiera, liderazgo, armonizacion, gestión del tiempo - Time Management, etc,. Para crear un mundo mejor, nuestro mundo individual debe partir desde el equilibrio óptimo."

Dirección Comercial y Planificación en Europa *en* **Modesto Pardo S.L.**

Transporte, Agencia y Logística Internacional en Norte de Europa.
Jefe de Logística de Suministro y Comercialización Internacional en industria química en Bentonitas Especiales S.A. BENESA.

Experiencia como Agente Marítimo, Transitario Intermodal en grupo MARMEDSA-ERHARDT.

Estrategia y Gestion de Comercio Exterior, Comercio Exterior titulado por la Cámara de Comercio Industria y Navegación, Puerto de Cartagena, Murcia, Spain, UE.

17. Preparación para el 3.0 es una necesidad de primer nivel

17.1. La industria del networking

Por el año 2001, que hablábamos del comercio electrónico y Quixtar, uno de los gigantes de este sector, se ponía en evidencia que la diferencia que les hacía ser lideres del mercado, era el factor de alto contacto o sea, la capacidad de que sus nuevos clientes recibiesen un trato personalizado de quienes les conectaban al sitio de web de compras a diferencia de otras webs.

El problema de muchos sitios de compra online resultan grandes y confusos. Puede haber 100 diferentes líneas o negocios en un sitio de compra o comercio online. La personas necesitan estar familiarizadas para poderlo conseguir.

La industria del Networking provee el impulsor de crecimiento aunque en la versión 1.0 y 2.0 era el clásico negocio de construir una lista de amigos y familiares para iniciar un negocio, y lo arrancábamos desde ahí.

Muchos se hicieron héroes, sabían que con la lista no iban lejos y se lanzaron a una agotadora vida heroica para construir grandes redes. Pero con un duro camino de pasar en muchos casos décadas de desgaste y afrontar inversiones de tiempo y dinero enormes, desplazamientos, telefonía sin tarifas planas, y enfrentar escepticismo y, en esa etapa, la indiferencia de un altísimo porcentaje de las personas que solo se enfocaban en vivir y disfrutar en el presente, entonces eran algo mas abundantes las ofertas de empleo en empresas tradicionales, que no han entendido que la formación, la evolución, no tiene stop y han sucumbido creando un movimiento social que llena de perfiles incompletos LinkedIn.

Muchos han vivido grandes sueños de aire y otros entretanto pasábamos años de predicación por el desierto sobre la necesidad de conectarnos a una red donde producir intercambios de información asociándonos y eso nos daba la oportunidad y visión de evolucionar a tiempo en el cambiante mercado. De otro lado estaba la opción de crear negocios con grandes riesgos y costosas infraestructuras, que hoy cuesta tanto ver sobrevivir.

Nuestro mensaje sobre la salud preventiva y la nutrición, no solo físicamente en nuestra comida e hidratación sino también de información positiva al cerebro, que había sido "llenado" o formado en sistemas de la era industrial cuando los expertos y gurus del Network Marketing y el coaching que encontrábamos los networkers pioneros, buscadores de información, en eventos de entrenamiento, expertos economistas y emprendedores de redes decían que se debía anticipar uno al cambio de era a través del desarrollo personal, crear sistemas de formación para los integrantes de la red; manteniendo siempre un estado mental de estudiante. Eran pues necesarias grandes dosis de humildad para no mirar el estatus profesional de quien nos formaba en relaciones humanas sobre todo, pues tejer una red trata de un negocio de personas y es hay donde tenemos la materia prima. Y claro la formación académica no incluia relaciones ni inteligencia financiera.

Aquí refiero y recomiendo, querido lector a autores como Dale Carnegie, David J Schwarz, Og Mandino, Rich de Vos, Robert Kiyosaki, Vincent N. Peale, Zig Ziglar, Allan Pease, Paul Zane Pilzer, Jorge Zuazola, Reif Hoffmann, Brian Sears, Spencer Johnson, Mark Fisher, James C. Hunter, etc

No se podía entender como el network marketing podía proveer más tiempo cuanto más grande se construía la red y por tanto crecía el ingreso y el reconocimiento social y descendía la dependencia de tener que atender a los socios. Estos se transformaron a través de formación teórica con experiencias practicas empresariales, en líderes que dirigen sus redes ahora parte de la tuya gigantesca e internacional.

La red derriba estas fronteras antiguas y mentales y cada día son menos notables. El pensamiento se torna global.

Se prefería competir en empresas tradicionales que hoy vemos como han retirado sus compromisos en la formación y en la manutención de sus acomodadas plantillas. Muchas de esas personas y empresas no se han entrenado y claro ante los cambios no tienen cimentación en sus negocios para hacerlos evolucionar hacia el éxito que tenían en otro entorno "más favorable a una actitud de no hacer nada para ganar y tener crecimiento".

Hoy no es necesario todo esto que ocurría con el network 1.0 y 2.0 el mundo ha cambiado y han nacido nuevas herramientas que evitan todo esta manera de crecer redes tan devastadora que provocó una mala imagen inicial del clásico networker.

17.2. Las 4 olas de crecimiento

En la actividad de networking hay 4 Olas de crecimiento según Richard Poe estamos ahora inmersos en la 4º Ola, el network 3.0.

Unimos los crecimientos de las redes sociales con el network marketing, realizando una actividad que sin capital ni infraestructuras de una manera global pueda generarnos ingresos sin esos gastos pasivos y crear dentro de la nueva economía del siglo XXI basada en su tremendo potencial de crecimiento. Pasamos a los 300 millones solo en LinkedIn.

Anotemos que la anchura de red aumenta la rentabilidad de la misma, luego nuestra atención debe estar dirigida a la segunda generación de contactos.

Si además tomamos medidas al aceptar contactos de mantener una buena higiene de crecimiento de red, analizando a conciencia el numero de LinkedIn del prospecto, su antigüedad y calidad de elaboración de perfil y también si hay una web 2.0 de empresa en LinkedIn asociada al mismo, tendremos una red "veterana" con increíbles profundidades y bastante bien formada, ya que los criterios de crecimiento se duplicaran generación tras generación.

Es una ayuda extra y una bomba de relojería. En cuanto comenzamos a entender los intereses de otros colectivos. Nuestra impronta es por tanto vital para asegurar el éxito. Procuremos enamorar al primer golpe de vista. Recordad el span de 8 segundos. Es nuestra oportunidad de crear un imperio de contactos que nos ayudara a alcanzar y rebasar resultados empresariales de cualquier índole.

Ética, pues es impensable crecer y generar confianza y atraer conexiones nuevas sin cultivar valores de tolerancia, respeto, evitar tocar asuntos personales, religiosos, políticos, ni divulgar tópicos, artículos, que puedan ser críticos con cualquier persona, figura política o pública, industria o empresa.

A veces, también publicar marcas directamente puede ser lesivo. Este tipo de comportamientos, pueden generar molestas reacciones adversas de algún sector de nuestro publico objetivo, que esta dentro de la globalidad de nuestra red cierran puertas comercialmente y pasa unas facturas terribles a nuestro progreso posterior .

Nuestro objetivo es crecer. Invitar a nuestros contactos y compartir, debatir, recomendar, con ellos publicaciones de interés en foros de debate, webs de empresa o incubadoras de ideas, y debemos no solo conseguir su visita sino también que nos sigan con fidelidad y nos recomienden finalmente, mejorando nuestra marca personal y se vea , como progresivamente se crea una consecuencia, UN MOMENTUM, una explosion de crecimiento cuando esto genere mas clientes y mas seguidores y así hasta números increíbles de personas que nos pediran unirse a nuestra/su red.

Este es el genial cambio las relaciones se convierten automáticamente en relaciones ganar ganar. Ambos se benefician y aportan valor y más red.

Una vez al nivel necesario con nuestro perfil tengamos una constante presencia dentro de los miles de integrantes de grupos a los que nos iremos asociando y que van más allá de nuestra red de contactos, además nuestra profundidad de red que con solo un crecimiento de anchura vigilada suma mas aun la presencia, un compartir en otra red como Twiter al mismo tiempo nos genera un flujo constante de visitas a nuestros perfiles y paginas y un crecimiento estable y consolidado de contactos interesados en nuestra actividad.

Obviamente si estamos tejiendo redes nos ayuda a filtrar los candidatos ideales para entrar en contacto con nuestros negocios.

Para todo esto aconsejo buscar información y conocer a fondo cada función del programa a través de la formación, aunque tenga un coste, considero una inversión ineludible para saber como hacer un buen perfil.

Decide lo que es importante y hazlo ¡Cueste lo que cueste! Antes de poder triunfar debes encontrar un mentor que te guíe. Encuentra a alguien admirado, que tenga el tipo de resultados que te gustaría tener y pídele ayuda.

Tenemos ciertos conocimientos claves aprendidos de los cursos y publicaciones de Spanish Leadership; recomendamos fervientemente el tener un gmail mágico (como explicó Morcuende en e-volución) para que los objetivos personales y de empresa se cumplan en LinkedIn resultando así en más ventas "LinkedIn se ha convertido en la herramienta de búsqueda principal de información sobre las personas y las empresas para las que trabajan", dijo Ian Sigalow Greycroft en un comunicado en la prensa.

Reid Hoffman, fundador de LinkedIn, un Networker 21 que estudió y trabajó las redes y lo explico en su genial libro El Mejor Negocio eres Tú donde explica que el aprendió todo en su experiencia en Network Marketing.

Y como todo Netwoker es una gran persona al igual que Robert Kiyosaki y su libro El Mejor Negocio del Siglo XXI, LinkedIn es lo que Kiyosaki dice como asociado de la empresa que lleva 5 decadas creando lideres multimillonarios, en versión del Network virtual. Es un buque guía que va a crecer y crecer creando libertad financiera, porque si tenemos éxito los lideres formados en la escuela de Spanish Leadership que nos van a decir de los Filbird, Hervé,

Lewis Howes y demás que hacen millones anualmente con negocios y clientes LinkedIn y generados via LinkedIn.

Y lo mejor que tú puedes ser y llegar donde quieras, ya no es necesario lamentarse de los malos resultados. Ahora puedes marcar tú la diferencia, o mejor dicho juntos podemos cambiar la realidad y hacer una maravillosa transformación en ti mismo y en la sociedad.

Para Murcia Leadership, y para mí, el objetivo es generar conciencia y preservar el planeta y a las personas.

¿Te imaginas un planeta mas limpio y con seres humanos expertos en liderazgo, valores, respeto y tolerancia global? Con este motor, ¿verdad que tardaríamos muy poco en llevar el mensaje y mejorar nuestra sociedad o aldea global?

Cambiaría nuestra realidad y nos haríamos responsables realmente en sociedad del cambio.

¿Conectamos?

Por vuestro éxito amigos. Si lees esto estas en el camino al éxito buscando más. Te felicito y te entiendo porque así me siento yo.

Domingo Alonso, Murcia, 30 de enero de 2014.

APÈNDICE : LIBROS DE LIDERAZGO RECOMENDADOS POR SPANISH LEADERSHIP

#	Title	Author
1	Financial Freedom	Collin Turner
2	You've got everything that it takes	Julio Melara
3	How to Win Friends & Influence People	Dale Carnegie
4	Attitudes & Altitudes	Pat Mesiti
5	Escape to Prosperity	Wes Beavis
6	The Magic of Thinking Big	David Schwarz
7	Business @ the speed of thought	Bill Gates
8	Rich Dad, Poor Dad	Robert Kiyosaki
9	Personality Plus	Florence Littauer
10	Born To Succeed	Collin Turner
11	Unstoppable	Cynthia Kersey
12	Dream Biz. Com	Burke Hedges
13	Coaching for Teamwork	Vincent Lombardi
14	Think and Grow Rich	Napoleon Hill
15	Do not Worry, Make Money	Richard Carlson
16	Balcony People	Joyce Landorf Heatherley
17	Seeds of Greatness	Dennis Waitley
18	The excellent human being	Miguel Angel Cornejo
19	The Eagle's Secret: Key strategies for success at work and home	David Mc Nally
20	Talk is not cheap	Beverly Inman-Ebel
21	Attitude is everything	Jeff Keller
22	The Magic of Smiling	Dutch Boling
23	Are you living your dream?	John Fuhrman
24	Skill with people	Les Giblin
25	The electronic dream	John Fuhrman
26	Diamonds Under Pressure: Five steps for turning adversity into success	Barry Farber
27	Success: One Day at a Time	John C Maxwell
28	The Magic of Getting What You Want	David J. Schwartz
29	You and Your Network	Fred Smith
30	Nine essential laws for becoming influential	Tony Zeiss
31	Listening for Success	Steve Shapiro
32	The Heart of a Leader	Ken Blanchard
33	Time and Money.Com	Jack Matthews
34	Wake up and Dream	Pat Mesiti
35	How to have power and confidence in dealing with power	Les Giblin
36	Creating Wealth on the Web	Cynthia Stewart-Copier

37	Who moved my cheese	Spencer Johnson
38	What to say when you talk to yourself	Shad Helmstetter
39	The 9 steps to Financial Freedom	Suze Orman
40	The Parable of the Pipeline	Burke Hedges
41	It's not about the bike: My journey back to life	Lance Armstrong
42	Pro-Summer Power !	Bill Quain
43	The Management from the Inside Out: The foolproof system for taking control of your schedule and your life	Julie Morgenstern
44	Hope from my heart: Ten lessons for life	Rich De Vos
45	You Inc: Discover The C.E.O. Within	Burke Hedges
46	Hung by the tongue: What you say is what you get	Francis P. Martin
47	Becoming a person of influence	Jim Dornan, John Maxwell
48	How to win friends and influence people	Dale Carnegie
49	Read and Grow Rich	Burke Hedges
50	The Greatest Salesman in the World	Og Mandino
51	The Psychology of Winning: The 10 qualities of a total winner	Denis Waitley
52	Acres of Diamond	Russell H. Conwell
53	The richest man in Babylon	George S. Clason
54	Suze Orman's Financial Guidebook: Put the 9 Steps to Work	Suze Orman
55	Rich Kid, Smart Kid	Robert Kiyosaki
56	Rich Dad's Prophecy	Robert Kiyosaki
57	How to Make Money in Stocks	William J. O' Neil
58	The Power of Positive Thinking	Normant Vincent Peale
59	Napoleon Hill's Positive Action Plan: How to make every day a success	Napoleon Hill
60	Winning Everyday	Lou Holtz
61	Dream Making in a Dream-Taking World	Steve Price
62	Soar to the Top: Rise Above the Crowd and Fly Away to Your Dream	Shawn Anderson
63	The Laws of Money, The Lessons of Life	Suze Orman
64	Leadership and Self Deception	The Arbinger Institute
65	Growing the distance	Jim Clemmer
66	The 21 most powerful minutes in a leader's day	John C. Maxwell
67	Basic People Skills	Dexter Yager
68	The Power of Focus	Jack Canfield, Mark Victor Hansen, Les Hewitt
69	The Diamond Rule: Secrets of a Master Diamond Cutter	Dr. Nate Booth
70	Rich Dad's Success Stories	Robert Kiyosaki

71	The One Minute Manager	Kenneth Blanchard
72	Freedom Tide: How You Can Make a Difference	Chad Connelly
73	Retire Young, Retire Rich	Robert Kiyosaki
74	Eat that Frog: 21 Great Ways to Stop Procrastinating and Get More Done in Less Time	Brian Tracy
75	The Servant: A simple story about the true essence of leadership	James C. Hunter
76	10 Rules to Break & 10 Rules to Make: The Do´s and Don´ts for Designing Your Destiny	Bill Quain
77	If You Can´t Climb The Wall, Build a Door	Dr. Charles Lever
78	Water: The Ultimate Cure	Steve Meyerowitz
79	B2B Back to Basics	Bill Quain
80	Know Your Limits: Then Ignore Them	John Mason
81	The Control Theory Manager	William Glasser
82	A personal view of Spain	José María Aznar
83	Cash Flow Quadrant	Robert Kiyosaki
84	Opportunity knocks	Pat Mesiti (Pasquale Vicenzo)
85	Dreamers Never Sleep	Pat Mesiti
86	You´vet Got Style	Robert A. Rohm Ph D
87	Feel the Fear and Do It Anyway	Susan Jeffers
88	The 21 Success Secrets of Self-Made Millionaires	Brian Tracy
89	Digital Freedom Chats	Federico Jimenez Losantos
90	The Quixtar Price is Right	Bill Quain
91	Whale Done	Ken Blanchard
92	The Next Generation Leader	Andy Stanley
93	A Whack on the Side of the Head	Roger von Oech
94	Making Friends	Andrew Matthews
95	Guide to Getting Rich without cutting up your credit cards	Robert Kiyosaki
96	You are Great!	Julia Hastings
97	Who took my money? (Why investors lose and fast money wins)	Robert Kiyosaki
98	How to be like Rich De Vos	Pat Williams
99	Take Time for your life	Cheryl Richardson
100	The 100 simple secrets of Successful People	David Niven
101	Portraits and Profiles	José María Aznar
102	The Four Laws of Debt Free Prosperity	Blaine Harris, Charles Coonradt
103	Boys who rocked the world	Editors of Beyond Words Publishing & Lar DeSouza
104	The Journey from Success to Significance	John C. Maxwell
105	The Magic of Believing	Claude M. Bristol
106	Higher than the Highest Mountain	Keith Laggos
107	The Green Bench	Matt Rawlins

108	The Art of Dealing with People	Les Giblin
109	Full Steam Ahead	Ken Blanchard, Jesse Stoner
110	The Secret	Ken Blanchard, Mark Miller
111	The Power of Full Engagement	Jim Loehr
112	Pursuit: Success is hidden in the journey	Dexter Yager
113	I can´t accept not trying: Michael Jordan in the Pursuit of Excellence	Michael Jordan
114	Passion for Freedom	Federico Quevedo
115	The Power of Talking Out Loud to Yourself	Bill Wayne
116	Lessons from a Dream Maker	Joe Land with Bill Perkins
117	The Next Millionaires	Paul Zane Pilzer
118	Confident Conversations	Brad de Haven
119	How full is your bucket?	Tom Rath
120	Stop self-sabotage	Pat Pearson
121	Leadership wisdom from the monk who sold the Ferrari	Robin S. Sharma
122	Crucial conversations	Kerry Patterson and others
123	How to get rich	Donald Trump
124	Brain work out	Arthur Winter, Ruth Winter
125	Why we want you to be rich	Robert Kiyosaki, Donald Trump
126	Failing Forward	John C Maxwell
127	Staying Power	Van Crouch
128	How to get what you want and want what you have	John Gray
129	Success and grow rich through persuasion	Napoleon Hill
130	The 7 habits of highly effective people	Stephen R. Covey
131	Here is to your success	Jeff Keller
132	Podemos	Juanma Castaño, Manu Carreño
133	Contact Capital	Bob Proctor
134	The Law of Recognition	Mike Murdock
135	Network of Champions	Shad Helmstetter
136	The Green Bench II: Ongoing Dialogue about Leadership and Communications	Matt Rawlins
137	Success is never ending, failure is never final	Robert H. Schulller
138	How to really use Linked-In	Jan Vermeiren
139	Unleasing the ideavirus	Seth Godin
140	Bread winner. Bread baker	Sandy Elsberg
141	The Fred Factor: How passion in your work and life can turn the ordinary into the extraordinary	Mark Sanborn
142	The Power of Nice: How to Conquer the Business World with Kindness	Linda Kaplan Thaler, Robin Koval
143	Your roadmap for success: You can get there from here	John C. Maxwell

#	Title	Author
144	The purpose driven life: What on earth I am here for?	Rick Warren
145	The essence of success	Nightingale Conant
146	Be a people person	John C. Maxwell
147	If they say no, just say Next	John Fuhrman
148	Raving Fans	Ken Blanchard, Sheldon Bowles
149	Wooden	John Wooden
150	The Spellbinder´s gift	Og Mandino
151	How to stop worrying and start living	Dale Carnegie
152	Body Language	Allan Pease
153	Sponsor with Style	Rober A. Rohm, Stewart Cross
154	Rich Dad´s Guide to Investing	Robert Kiyosaki
155	Copy Cat Marketing 101	Burke Hedges
156	Questions are the Answers	Allan Pease
157	Jonathan Livingston Seagull a story	Richard Bath
158	Who says Elephants can´t dance?	Lou Gertsner
159	Endurance	Alfred Lansing
160	Little book of red selling	Jeffrey Gitommer
161	Little black book of connections	Jeffrey Gitommer
162	Secrets of closing the sale	Zig Ziglar
163	Becoming a resonant leader	Annie McKee, Richard Boyatzis, Frances Johnston
164	Dreaming to win	Emilio Sánchez-Vicario
165	Focal Point: A proven system to simplify your life, double your productivity and achieve all your goals	Brian Tracy
166	Emotional Intelligence	Daniel Goleman
167	How to Think Like a CEO and Act Like a Leader	Michael F. Andrew
168	150 Bible Verses Every Catholic Should Know	Patrick Madrid
169	Rhinoceros Success	Scott Alexander
170	No Excuses-The Power of Self-Discipline	Brian Tracy
171	Stress for Success	Jim Loehr
172	Network marketing: A way of life	Janusz Szajna
173	Adding the "E" to your business strategy	Lars Hilse
174	Grow up: How taking responsibility can make you a happy adult	Dr. Frank Pittman
175	Choice Theory: A new psychology of personal freedom	William Glaser
176	What they don´t teach you at Harvard Business School	Mark. H. McCormack
177	177 Mental toughness secrets of the World Class	Steve Siebold
178	The Secret Language of Leadership: How leaders inspire action through narrative	Stephen Denning

179	How I raised myself from failure to success in selling	Frank Bettger
180	Primal Leadership: Realizing the Power of Emotional Intelligence	Richard Boyatzis
181	Everyone Communicates, Few Connect	John Maxwell
182	The Optimal Health Revolution	Duke Johnson
183	The Winning Way to Success!: How to Win in Life and Enjoy the Journey	Ronnie Kagan
184	Make Today Count: The Secret of Your Success Is Determined by Your Daily Agenda	John C. Maxwell
185	Goals! How to Get Everything You Want - Faster Than You Ever Thought Possible	Brian Tracy
186	Long Walk to Freedom: The Autobiography of Nelson Mandela	Nelson Mandela
187	The Omega Diet: The Lifesaving Nutritional Program Based on the Best of the Mediterranean Diets	Artemis P. Simopoulos
188	Estrategias para triunfar (Strategies to succeed)	Miguel Angel Cornejo
189	The Business Handbook	Dexter Yager
190	The Emotionally Intelligent Manager: How to Develop and Use the Four Key Emotional Skills of Leadership	David Caruso
191	7 Strategies for Wealth & Happiness: Power Ideas from America's Foremost Business Philosopher	Jim Rohn
192	The Psychology Of Selling: The Art of Closing Sales	Brian Tracy
193	The 7-Day Back Pain Cure	Jesse Cannone
194	Irresistible Leadership	Jean Shore
195	Jesus, CEO: Using Ancient Wisdom for Visionary Leadership	Laurie Beth Jones
196	10 Powerful Phrases for Positive People	Rich De Vos
197	The Winner Within: A Life Plan for Team Players	Pat Riley
198	Leadership Is Common Sense	Herman Cain
199	The Better Brain Book	Carol Colman, David Perlmutter MD
200	Endless Referrals	Bob Burg
201	Treat Your Own Back	Robin Mckenzie
202	Treat Your Own Neck	Robin Mckenzie
203	Treat Your Own Shoulder	Robin Mckenzie
204	7 Steps to a Pain-Free Life: How to Rapidly Relieve Back and Neck Pain	Robin McKenzie, Craig Kubey
205	Start with Why: How Great Leaders Inspire Everyone to Take Action	Simon Sinek
206	Earl Nightingale's The Strangest Secret	Earl Nightingale

	Millennium 2000 Gold Record Recording	
207	The Effective Executive: The Definitive Guide to Getting the Right Things Done	Peter F. Drucker
208	Influencer: The Power to Change Anything	Kerry Patterson, Joseph Grenny, David Maxfield, Ron McMillan, Al Switzler
209	The Leader Who Had No Title: A Modern Fable on Real Success in Business and in Life	Robin Sharma
210	Leading with the Heart: Coach K's Successful Strategies for Basketball, Business, and Life	Mike Krzyzewski
211	Sacred Hoops: Spiritual Lessons of a Hardwood Warrior: Spiritual Lessons as a Hardwood Warrior	Phil Jackson
212	More than a Game	Phil Jackson
213	The Last Season: A Team in Search of Its Soul	Phil Jackson
214	My Life	Earvin M. Johnson
215	Coach Wooden's Pyramid of Success Playbook: Applying the Pyramid of Success to Your Life	John Wooden
216	When the Game Was Ours	Larry Bird
217	Excuses Begone!: How to Change Lifelong, Self-Defeating Thinking Habits	Dr. Wayne W. Dyer
218	Mind Gym : An Athlete's Guide to Inner Excellence	Gary Mack, David Casstevens
219	The Success Principles for Teens: How to Get From Where You Are to Where You Want to Be	Jack Canfield, Kent Healy
220	Timeless Secrets of Health and Rejuvenation	Andreas Moritz
221	Evolutionary Leadership	Peter Merry
222	Little Black Book of Entrepreneurship	Fernando Trias De Bes
223	Agile Coaching	Rachel Davies, Liz Sedley
224	The Five Dysfunctions of a Team: A Leadership Fable (J-B Lencioni Series)	Patrick Lencioni
225	How to Make People Like You in 90 Seconds or Less	Nicholas Boothman
226	The Anatomy of Peace: Resolving the Heart of Conflict	Arbinger Institute
227	Food Politics: How the Food Industry Influences Nutrition and Health (California Studies in Food and Culture)	Marion Nestle
228	Tell to Win: Connect, Persuade, and Triumph with the Hidden Power of Story	Peter Guber
229	Undertake. Turn your dream into reality. (Emprende. Convierte tu sueño en realidad.)	Fernando Giner
230	Front Runners	Mahesh Rao
231	Start with Why: How Great Leaders Inspire Everyone to Take Action	Simon Sinek

232	Por un Spanish Real Madrid v el Real Milán de otros	Spanish Leadership
233	Learned optimist: How to change your mind and your life	Martin E.P. Seligman
234	Muscular retraining for pain-free living: A practical approach to eliminating chronic back pain, tendonitis, neck and shoulder tension, and repetitive stress injuries	Craig Williamson
235	Real-World Time Management (Worksmart Series)	Roy Alexander
236	How to Make People Like You in 90 Seconds or Less!	Nicholas Boothman
237	The New Rules of Posture: How to Sit, Stand, and Move in the Modern World	Mary Bond
238	How Successful People Think: Change Your Thinking, Change Your Life	John C. Maxwell
239	Confidence Plan: How to Build a Stronger You	Timothy Ursiny
240	How to Connect in Business in 90 Seconds or Less	Nicholas Boothman
241	Convince them in 90 Seconds	Nicholas Boothman
242	Getting things done. The art of stress-free productivity	David Allen
243	How I sold 1 million eBooks in 5 months!	John Locke
244	Delivering Happiness: A Path to Profits, Passion, and Purpose	Tony Hsieh
245	Strong Fathers, Strong Daughters: 10 Secrets Every Father Should Know	Margaret J. Meeker M.D.
246	The Five Temptations of a CEO, 10th Anniversary Edition: A Leadership Fable (J-B Lencioni Series)	Patrick Lencioni
247	The Present: The Gift That Makes You Happier and More Successful at Work and in Life, Today!	Spencer Johnson
248	Confidence: How to Succeed at Being Yourself	Alan Loy McGinnis
249	Guide to Investing In Gold and Silver: Protect Your Financial Future	Michael Maloney
250	Rich Dad's Conspiracy of the Rich: The 8 New Rules of Money	Robert Kiyosaki
251	The 4-Hour Workweek, expanded and updated: Expanded and updated, with over 100 new pages of cutting-edge content	Timothy Ferriss
252	Caught in the Net: How to Recognize the Signs of Internet Addiction--and a Winning Strategy for Recovery	Kimberly S. Young
253	Walk the talk... and get the results you want	Eric Harvey, Alexander Lucia
254	Put your dream to the test: 10 questions that Will help you see it and seize it	John C. Maxwel

255	The Alchemist: A Fable About Following Your Dream	Paulo Coelho
256	Will Power! A Biography of Will Smith	Jan Berenson
257	Think like a champion: Building success one victory at a time	Mike Shanahan
258	Leadership Matters...The CEO Survival Manual: WHAT IT TAKES TO REACH THE C-SUITE AND STAY THERE	Mike Myatt
259	Inspired: The Secrets of Bob Proctor	Linda Proctor
260	Steve Jobs: A Biography	Walter Isaacson
261	Awaken The Giant Within: How to Take Immediate Control of Your Mental, Emotional, Physical and Financial Life	Anthony Robbins
262	Become a Magnet to Money Through the Sea of Unlimited Consciousness	Bob Proctor, Michele Blood
263	The Power of Your Subconscious Mind	Joseph Murphy
264	The Pursuit of Happyness	Chris Gardner
265	Start Where You Are: Life Lessons in Getting from Where You Are to Where You Want to Be	Chris Gardner
266	First Things First	Stephen R. Covey
267	Protecting Your #1 Asset: Creating Fortunes from Your Ideas	Michael A Lechter, Robert Kiyosaki
268	100 Ways to Motivate Yourself	Steve Chandler
269	Aiming at Amazon: The NEW Business of Self Publishing, or How to Publish Your Books with Print on Demand and Online Book Marketing on Amazon.com	Aaron Shepard
270	How To Publish Anything On Amazon's Kindle	Randy Benjamin
271	Winners Never Cheat: Everyday Values We Learned as Children (But May Have Forgotten)	Jon M. Huntsman
272	Guess What Came to Dinner?: Parasites and Your Health	Ph.D., CNS, Ann Louise Gittleman
273	Lincoln on Leadership: Executive Strategies for Tough Times	Donald T. Phillips
274	How to Listen When God Is Speaking: A Guide for Modern-Day Catholics	Mitch Pacwa
275	Be Excellent at Anything: The Four Keys To Transforming the Way We Work and Live	Tony Schwartz
276	The Power of Story: Change Your Story, Change Your Destiny in Business and in Life	James E. Loehr
277	Mastery: The Keys to Success and Long-Term Fulfillment	George Burr Leonard
278	Book Marketing Made Easy: Simple Strategies for Selling Your Nonfiction Book Online	D'vorah Lansky
279	Good to Great: Why Some Companies Make the	Jim Collins

	Title	Author
	Leap... and Others Don't	
280	What a Difference a Daddy Makes: The Indelible Imprint a Dad Leaves on His Daughter's Life	Kevin Leman
281	No B.S. Time Management for Entrepreneurs	Dan S. Kennedy
282	Outwitting The Devil	Napoleon Hill
283	The 360 Degree Leader: Developing Your Influence from Anywhere in the Organization	John C. Maxwell
284	The Power of Eye Contact: Your Secret for Success in Business, Love, and Life	Michael Ellsberg
285	Conquer Fear!: A Unique Blend of Psychology and Theology to Change Your Beliefs -- And Thus Your Results	Lisa Jimenez
286	How to Develop Self-Confidence And Influence People	Dale Carnegie
287	Leader in You: How to Win Friends, Influence People, and Succeed in a Changing World	Dale Carnegie
288	The Quick and Easy Way to Effective Speaking	Dale Carnegie
289	Die Fat or Get Tough: 101 Differences in Thinking Between Fat People & Fit People	Steve Siebold
290	Business Stripped Bare: Adventures of a Global Entrepreneur	Richard Branson
291	The Godfather	Mario Puzo
292	Purple Cow: Transform Your Business by Being Remarkable	Seth Godin
293	7 Strategies for Wealth & Happiness: Power Ideas from America's Foremost Business Philosopher	Jim Rohn
294	Tribes: We Need You to Lead Us	Seth Godin
295	Rework	Jason Fried, David Heinemeier Hansson
296	The Speed of Trust: The One Thing That Changes Everything	Stephen M. R. Covey
297	100 Ways to Slow Down and Enjoy the Things That Really Matter	Elaine St. James
298	On Leadership	John W. Gardner
299	The Power of Charm: How to Win Anyone Over in Any Situation	Brian Tracy, Ron Arden
300	Be Excellent at Anything: The Four Keys To Transforming the Way We Work and Live	Tony Schwartz, Jean Gomes, Catherine McCarthy
301	Time Power: A Proven System for Getting More Done in Less Time Than You Ever Thought Possible	Brian Tracy
302	Advanced Selling Strategies: The Proven System of Sales Ideas, Methods, and Techniques Used by Top Salespeople Everywhere	Brian Tracy

303	Creativity Revealed: Discovering the Source of Inspiration	Scott Jeffrey, David R. Hawkins
304	Dads and Daughters: How to Inspire, Understand, and Support Your Daughter When She's Growing Up So Fast	Joe Kelly
305	Speed Cleaning	Jeff Campbell
306	The Plug-In Drug: Television, Computers, and Family Life	Marie Winn
307	Unplugging the Plug-in Drug	Marie Winn
308	Money and Power: How Goldman Sachs Came to Rule the World	William D. Cohan
309	Spiritual Exercises of Saint Ignatius	St. Ignatius of Loyola
310	The Start-up of You: Adapt to the Future, Invest in Yourself, and Transform Your Career	Ben Casnocha, Reid Hoffman
311	Unlimited Power	Anthony Robbins
312	Become a Franchise Owner	Joel Libava
313	Business at the Speed of Now	John Bernard
314	Enchantment	Guy Kawasaki
315	EntreLeadership	Dave Ramsey
316	The Entrepreneur Equation	Carol Roth
317	Evil Plans	Hugh MacLeod
318	The Method Method	Eric Ryan, Lucas Conley, Adam Lowry
319	Share, Retweet, Repeat	John Hlinko
320	The Thank You Economy	Gary Vaynerchuk
321	Uncertainty	Jonathan Fields
322	Forever Young: The Science of Nutrigenomics for Glowing, Wrinkle-Free Skin and Radiant Health at Every Age	Nicholas Perricone
323	Write It Down, Make It Happen: Knowing What You Want--and Getting It!	Henriette Anne Klauser PhD

171

www.ingramcontent.com/pod-product-compliance
Lightning Source LLC
Chambersburg PA
CBHW080248180526
45167CB00006B/2459